誰養出的魔鬼

忤惡老Z帶您一探殺人犯罪心境

老Z 周寬展 著

推薦序1

一部探討人心的佳作

台灣刑事鑑識專家／謝松善

認識「老Z」是一個很偶然的機會，二〇二三年八月中一檔吳宗憲的節目《小明星大跟班》，一起列席講社會刑案故事。我以鑑識專家的身分，他則是社會記者的角色，開場前他很禮貌地向我遞出名片，原來他曾經採訪過我，如今也成了說故事的資深記者。

一件社會刑案，牽扯進的角色非常地多，除了當事人家屬、負責承辦的警察、鑑識人員等等，最受矚目的自然就是新聞媒體這一塊。只是案件調查還在進行中，加上犯罪型態日趨複雜，新聞媒體二十四小時的激烈競爭，新聞報導難免脫離事實，用重重猜測與誇大拼湊來渲染，民眾跟輿論就會被帶著跑，彷彿每個人都是柯南，變成輿論在辦案，鬧烏龍笑話的自然不在話下。

以我負責的鑑識領域，就是必須從刑案現場的蛛絲馬跡，以及死者身上所能挖掘出的任何資訊，來嚴謹拼湊出事發的真相，有多少證據就說多少話。而電視新聞記者的工作不同，他們也得挖掘真相，卻是用麥克風跟鏡頭，帶著民眾進入刑案現場，只是礙於資訊不足，或是受限於時間框架，往往只能呈現「部分的真實」，但有時候記者挖出來的證據，也能幫助檢警跳脫固有思維，甚至也成了法庭攻防的一部份。

我得知老Z是因緣際會投入YouTube市場這一塊，開始深入過去採訪過的重大刑案，從一個宏觀的角度沉澱思考，去重新述說一件人與人激烈交錯的故事，而非著重於兇嫌手段多麼兇殘，而是一個正常不過的普通人，如何變成一個媒體報導中的殺人魔。

《誰養出的魔鬼》是一部探討人心的佳作，裡面每一個犯下無法挽回錯誤的嫌犯，可能都只是我們身旁周遭的平凡人物，在菜市場買菜的賢慧母親、在學校表現亮眼的資優生、在自助餐廳後台默默煮菜的廚師、吃穿都很講究的富裕家長，每天在門口跟你點頭微笑的保全、甚至只是親切喜歡搞笑，被稱為開心果的孩子，居然都成了奪人性命的兇手。

與市面上其他探討案件著作不同的是，老Z加入了記者從中採訪的經驗，讓讀者更可以從側面了解，電視新聞製作幕後的辛苦，在追求獨家競爭的同時，又要如何在事實與外界揣測中，取得報導的平衡。相信大家在這本書中，看到過去熟悉或曾經聽過的刑案故事，經過老Z另一番的詮釋，更能領會殺人事件中屬於「人性」的那一塊。

推薦序2

雖不幸遇魔鬼，幸有天使相伴

兒童權益促進協會理事長／王薇君

和寬展相識是在二〇一一年十一月。

那天是個陰雨濕冷的上午，好多媒體來到位於山區的家裡採訪，門前巷道停著滿滿的媒體採訪車，媒體是因震驚社會的王昊虐殺案而來，而這也是我人生中第一次接受記者採訪，後續也開啟了我與寬展深厚友誼序幕。

因當天下午王昊要在二殯解剖相驗，近午採訪結束，眾媒體與我都要接著趕往二殯，當時突然下起了傾盆大雨，我正在著急一直叫不到計程車，貼心的寬展看到我很著急就問我，怎麼了有需要幫忙嗎？

我跟寬展說明後，寬展請我等他們一下下，待他們先將新聞畫面處理好回傳電視台，他們可以載我和女兒一同前往。

到達二殯時，寬展說：「王小姐我們一起去吃些東西好嗎？妳都沒吃東西這樣怎麼有體力？」雖然理解是關心我，但我還是婉拒他的好意，因為哀慟的我感覺不到餓和渴，貼心的寬展就說，那我們帶妳女兒去吃點東西喔。

我在殯儀館心緒混亂的等解剖時間，過了一陣子他們回來了，寬展帶了麵包和一瓶水給我，請我女兒先放在包包裡，以備媽媽餓了渴了可以吃。

寬展只是位採訪記者，他卻願意貼心同理又細緻的，對待一個陌生的採訪對象，善待一個痛失親人的被害家屬。

從細微處得見一個人的人格特質，他能從不同的視角寫出書中案件觀點，我一點也不意外。

十二年以來，寬展當時的善意與溫暖，也是支持著我勇敢向前的力量。

推薦序3

是誰養出這些魔鬼？

靈異錯別字／賴正鎧

我說的是鬼故事，老Z說的是殺人故事，兩邊聽下來你會發現，鬼故事不過就是童謠，人真的比鬼可怕，所以我很佩服老Z怎麼有辦法，一直直視這些深層的黑暗面，處理完後還能在每則命案的背後，說出一番道理來。

在我出《符咒的力量》時，我就跟老Z說，你現在是專做國內命案的《老Z調查線》YouTuber，為何不動筆寫一寫，把這些故事＋經歷＋你的感觸寫成書呢？然後他真的下筆寫完《誰養出的魔鬼》，了解這本書的價值前，你要先知道社會記者的生活。

我們社會記者的手機相簿，存了很多死者的照片；歷史瀏覽紀錄，看過很多兇手的臉書；LINE的群組對話，聊著殺人的動機與原因。手機隨便一張照片、一段影片，都足以是一般民眾聊上三天的話題，但對我們來說，這是日常。

我看過這麼多命案，導致我搭捷運時（或排隊）不喜歡有人站在我後面，因為二〇一四年鄭捷北捷殺人事件；在外有人靠近我小孩，會下意識把小孩拉到我後面，因為二〇一六年內湖隨機殺人事件。

職業病只是提高我的警覺心，而老Z是能看到每一縷靈魂的背後，是如何演變成一起的悲劇，從保護自己與家人來看，這本書能告訴你人性在經歷了什麼，會扭曲得多嚴重，讓你更早防範壞人的假象。

也許你會說：「我沒和人結怨，何須多此一舉？」

但你不害人，不保證別人不會害你啊。

從對事情的完整度來看，每一起兇殺案件之前，可能是累積五年、十年情財仇的爆發，同樣是殺死自己爸爸的逆子，在一則一百秒的Daily新聞，你會對兇手產生恨意；一篇八分鐘的專題報導，你會同情兒子是為了保護媽媽，才出手殺害家暴的父親；一本《誰養出的魔鬼》會讓你知道上述之外，還有令人憤怒且無奈的台灣司法制度，是如何不停產出殺人的魔鬼。

也許你會說：「我不想這麼燒腦的深掘這些。」

那你應該會想知道一些社會新聞所遺漏的片段吧，好比「二〇一三年三重醃顱案」的兇手，其實跟歌手卓文萱是有關係的。

為什麼要看《誰養出的魔鬼》？

因為這不是一位素人整理出來的資料，而是超過十年資深社會記者——老Z全程採訪而來的紀錄；這不單滿足你我對驚悚殺人案件的好奇，還讓你了解每一起殺人背後的悲劇；這不是收集數十位魔鬼的故事，而是告訴你，是誰養出這些魔鬼？

為什麼要看《誰養出的魔鬼》還有一個主要的原因，因為作者老Z是我的長官，他掌管我的考績與年終，我不得不在這裡大力推薦。

序／帶來希望的一句話

「正義也許會遲到，但永遠不會缺席。」是我在創作ＹＴ刑案作品集時，一直在考慮該怎麼為整體作品立下一個基調，某日逛網路文章時無意間看到類似語句，後來簡化成《老Ｚ調查線》的口號，也成了高識別度的一句話。這裡必須要澄清這並非來自國外那句法律格言「Justice delayed is justice denied」（遲到的正義並非正義），有許多熱心網友特別來糾正，但本人才疏學淺，並沒聽過這句名言，的確也並非自創。

其實三十歲才正式踏入**採訪**這一門，算是非常老的**菜鳥**，在這之前做過電視編輯兩年，在家記者兩年，接著就收到二次兵單（補充兵）順勢離開了媒體圈，曾幫朋友開了咖啡店，也在直銷公司跑過幾年業務，繞了一圈才開始當記者。採訪是一件非常有趣的工作，尤其是電視新聞講求快狠準，你必須在短短與人接觸的幾分鐘時間，弄清楚整個來龍去脈，甚至得替雙方（加害者與受害者）交集的故事立下穩固論點，用一分鐘的時間告訴全國觀眾，從我的眼裡看到了什麼樣的故事，由於先前有編輯台的經驗，精準下標成了我這**老菜鳥記者**唯一優勢。

總結這十年來的Daily新聞採訪經驗，在台灣的**被害者**往往只有在案發時，能透過媒體出聲，之後除非有重大判決，否則你很少能見到他們的身影。但諷刺的是，往往他們現身時，總是帶著對司法的失望，對加害者的詛咒以及對往生者的無限悲痛，因為近二十年來台灣司法為了因應**國際潮流**，給予了加害者無限的寬容，**可教化**三個字成了帶動**恐龍法官**的批判浪潮，卻不見我國司法對被害者家屬，有何憐憫及同情之意，保持著高高在上的態度，屏除這些當事人的意見想法，讓這些窮凶惡極的殺人犯，有著近乎無限的自新機會——**不論你殺了多少人**。

有天錯別字賴正鎧很嚴肅地問我，老Z你那句口號究竟是什麼意思，他對**正義**兩個字的定義，感到很不解，難道不是將兇手**制裁**才叫正義嗎？我向他慢慢解釋，正義其實是一種**浮動**的概念，當殺人事件發生時，此時被害家屬要的正義是什麼？是兇手能順利落網；而落網後正義又是什麼？是兇手能否老實說出殺人動機，能否被法院收押；進入法院審理後的正義又是什麼？可能是要重判兇手極刑；然而一旦上述這些想法都無法實現時，此時的正義又該是什麼呢？

錯別字聽完透露出一種似乎恍然大悟，卻又墜入五里迷霧的表情，我繼續補充，正義也是一個**相對的概念**，沒有犯罪的發生，沒有被害者出現，相對就沒有正義的需求存在。簡言之，正義的需求是在**被害者家屬**的心裡，因應著檢警司法對於兇手採取的制裁方式，而有著不同的答案。或許這個社會需要的只是制裁，因為能夠大吐一口怨氣，而我關注的只有被害者家屬，心中的正義能否出現正確解答。

然而二〇〇三年**心魔陳昆明**隨機殺人案，先殺兩幼童獲輕判特赦出獄後，再布局殺害一位無辜母親，法官認為可教化；二〇一二年湯姆熊隨機殺人事件，兇手曾文欽嗆聲「**在台灣殺一兩個人，不會被判死刑。**」法官也認為可教化，重重傷害了台灣人的心，接著幾乎年年都爆發隨機殺人案，到二〇一五年鄭捷屠殺台北捷運後，甚至出現模仿效應（本書的**北捷中山站隨機殺人案**僅是其中之一），社會不但陷入了長期恐慌，被無辜挑中的被害者家屬，更是無所適從，安全感對他們來說，可能只是一種極度陌生的名詞或口號。

近年來除了可教化爭議，二〇一六年我還關注到一種令人不安的豪取人命形式——**縱火**。發生在新北市三重，兇手湯景華為了個人司法恩怨，放火燒了根本與此案無關的一家六口，法官判定是**間接（不確定）殺人故意**、非**直接故意殺人**等理由，判無期徒刑定讞；二〇一七年李國輝直接縱火燒死九人，也是間接（不確定）殺人故意，免死定讞；二〇二一年十月高雄城中城大樓火警，黃格格因為報復前男友，縱火燒死四十六人，創台灣戰後死亡人數第二多的火災，二〇二四年一月法官認為間接（不確定）殺人故意，免死定讞。幾乎已經可以確定，縱火燒死無辜民眾，不論燒死多少人都不會判死，個人認為與可教化相較，堪比洪水猛獸。

或許有人認為我反對廢死，但實質上台灣需要的不是死刑，而是真正的終身監禁制度，台灣所謂的**無期徒刑**其實能讓加害者，在入監二十五年後能聲請假釋出獄，重獲自由。光這一點說是在被害者家屬傷口上抹鹽，真的一點也不為過。然而司法制度終究非一夕可變，更不論執政者廢死立場堅定，喊了許久的司法改革杯水車薪，被害者們的正義，究竟該何去何從？

最後我回答賴正鎧，「正義也許會遲到，但永遠不會缺席。」是一句盼望跟祈求，是要帶來**希望**的一句話。希望透過我每一集的呼籲，帶給大家反思與反省，也願安慰每一位經歷傷痛的人們，都能順利回到平靜的生活。

目次

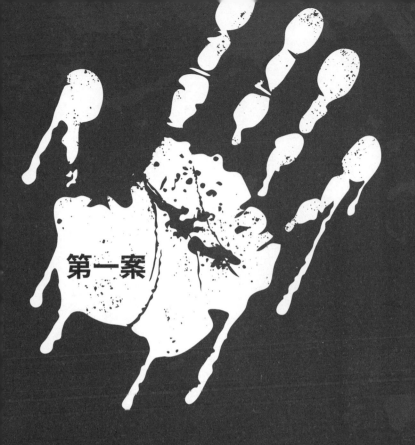

第一案

三重醃顱案——
峰迴路轉的荒謬慘案

電視新聞記者是個怎麼樣的工作呢，尤其是社會記者，上班生活其實有著難以想像地緊湊忙碌，如果有機會去學校跟年輕學子們分享，我都是這樣「恐嚇」他們。

一日的行程基本早上五六點就得起床「掃報」（把所有報紙的社會新聞看過一遍），七點到八點要準備報稿，最晚九點半就得確定題目出門採訪兜畫面，因為十一點就得回到公司製作新聞帶，十二點就要播出了。大家中午看到的新聞通常是只花不到一百分鐘的採訪。

下午則繼續這樣的「輪迴」，包含了各種時段的SNG連線，或假連線（D-LIVE），只是deadline改成了下午五點四十分（各家晚間新聞競爭收視率，不斷往前提早開播，導致截稿時間也跟著提早）。而交稿後不代表著下班，而是記者另一份工作開始，run線。

run線指的是到自己負責的線路上，去熟悉任何該熟悉的訊息來源——我們也會說線民。社會線記者最常run的，就是待在各大警局派出所了。不管你是要吃飯、抽菸或者打屁閒聊，總之就是要跟合得來的警察「打好關係」，這樣事件發生的時候，才有足夠的信任感交換情報。早期的社會記者run線大多離不開酒或泡茶，現在的年輕記者則會到KTV、打球或各類社交活動，反正簡單兩字，混熟，用盡一切方法混熟。

回到電視台的作業模式，社會新聞通常是primetime（黃金時段）的頭條，而在二〇一三年三月十六日清晨開始，接連好幾天的社會頭條都是同一則，這件事情在前一天下午就發生了，只不過在警局裡的所有記者都沒預料到，會有如此波瀾地發展。

「坦白講，其實心裡還是會有一點點的膽怯，就我來說，我從事鑑識工作，也沒遇到那麼驚悚的一個手法的案子。所以要再去面對，看到這顆頭顱，其實也要有相當的勇氣。」——時任嘉義縣警察局承辦鑑識科巡官林信良（擷取自《法眼黑與白：嘉義醃頭顱一》的訪問）

Clues

1 好心人的信

根據多年採訪經驗，許多命案會曝光在大眾面前，第一時間通常都是發現悽慘的屍體，像是屋內發出惡臭的腐屍，偏僻深山中的白骨，河川港口飄來的不明屍袋，甚至是擱淺漂浮的水流屍。而這起詭異的命案，卻是從一封莫名其妙的信，揭開了序幕。

二〇一三年三月十五日星期五下午，新北市三重大同派出所，收到一名匿名信，上頭只署名「**好心人**」三個大字，收件者寫著「**大同派出所收**」。

負責收發的員警，也不是第一次收到奇怪的民眾信件，熟練地拆開信件後，發現是用「複筆」方式（重複筆畫的字跡）寫著：

> 「警察女子（註：好字寫得太寬導致）：陳婉婷的屍體在嘉義水上農會旁二百公尺的涼亭旁的男廁所裡面。請你好好安葬他我沒錢葬他，謝謝你。
>
> 好心人留」

沒頭沒尾的信件，橫豎的筆劃長短不一，比例大小也都失衡，字體就像是剛學寫字的小學生字跡，隱約透露出寫信者的教育程度。但畢竟提到了**屍體**，員警趕緊上報給偵查隊，幾名資深刑警討論後想說還是去求證一下，隨即聯繫嘉義水上分局的警方，並將信件傳真過去，希望能幫忙確認「屍體」消息的真偽。

水上分局偵查隊收到傳真後，先派兩名派出所員警到男廁查看，很快就收到回報，裡頭的確有個家樂福賣場的購物袋，目視是由好幾層袋子詭異地重重包裹，請求鑑識小組到場支援。

偵辦地點是在一間古廟**璿宿上天宮**旁，此廟是清朝乾隆二年就蓋的媽祖廟，已有二百多年歷史，廟的後方就是信件中提到的公廁。男廁並不大，進去左手邊是小便池，右手是四間坐式馬桶，不明袋子就放在第一間馬桶水箱的上頭，大小恰巧像是一顆躲避球。

鑑識人員小心翼翼打開袋子，似乎有好幾層袋子跟衣物層層包著，只是才打開第二層超商提袋，又出現一張八開的圖畫紙寫著——

「身份＝三重陳婉婷好心人留」

字跡跟三重傳真來的信，一模一樣也是用複筆方式書寫。

拆開袋子的過程像是解謎般，員警的好奇心也越來越濃，依序再解開菜市場常見的紅白色條紋塑膠袋，接著是兩個白色 7-11 塑膠袋，一件黑色外套，再一個白色米袋，最後是沙灘短褲，加上一條藍色條紋的男性內褲，上頭疑似殘留精液，最後露出一顆黑褐色乾皺的球狀物，上頭布滿白白的不明結塊顆粒，乍看之下很像「雪梅」般醃製的大型蜜餞，只是撲鼻而來的，是濃厚的屍臭味。

「這些是什麼東西？」水上分局偵查隊長林乙皓，不禁開口詢問。

鑑識小組仔細看著，研判這些白色顆粒是**食鹽**，這顆被七層袋子包起來的，應該是一顆人頭，像泡菜一樣被**醃**在袋子裡，難道就是上頭寫的陳婉婷嗎？

在場不乏有辦案多年經驗的刑警，也從來沒有見過，被鹽巴醃過的人頭，這名兇手究竟是有什麼樣的心理，用這種大膽的方式，向警方揭開一樁斷頭分屍案？

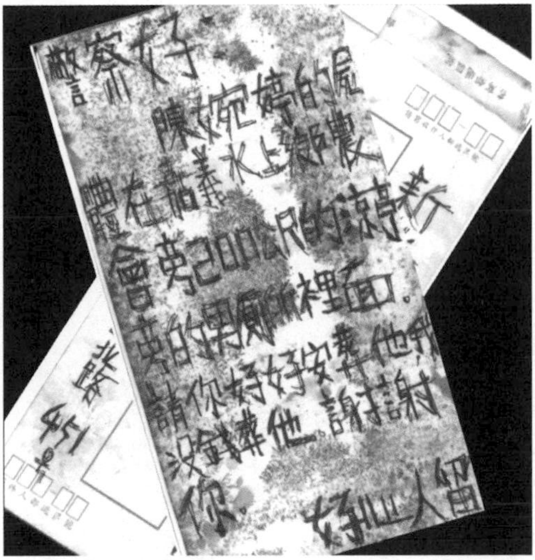

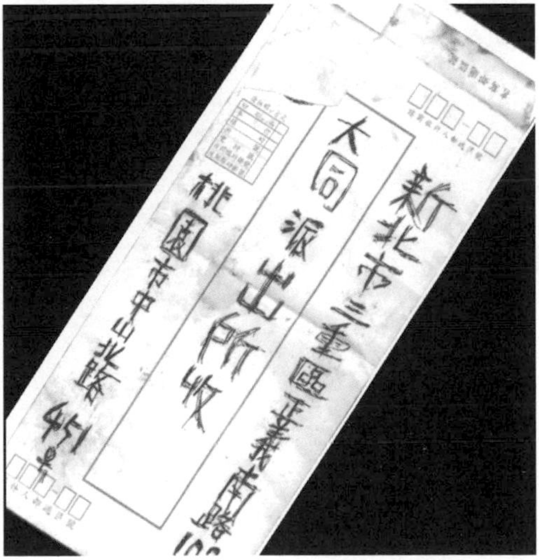

好心人寄來的信，用複筆書寫。

Clues

2 六十四分之一的機率

嘉義醃顱案瞬間成了各大電視台深夜的頭條新聞，記者跟SNG等媒體，各自聚在案發兩地的警局，每個小時都在跟棚內主播連線，更新偵辦進度。對記者來說下一步要採訪的，就是問出被害人究竟住在哪裡，才能有下一步的採訪動作。跨縣市的命案，不只兩地記者合作，新北跟嘉義的刑警大隊，也各自組成了專案小組，首先要查的就是「三重陳婉婷」究竟是誰？

法醫相驗後研判，頭顱是遭利刃或是電鋸類方式切割，在頸椎第二節處遭切斷，頭顱狀況疑似遭冷凍過，前排牙齒有缺牙的特徵。而包裹頭顱的那條內褲，上頭則發現有兩個男人的精液DNA線索，很難不讓人聯想到跟性侵殺人有關，但法醫只做出鑑定，偵辦工作還是刑警的責任。

另一頭偵查隊刑警立刻登入失蹤人口系統，沒想到一輸入陳婉婷的名字，居然跑出六十四筆資料，換言之全台失蹤的陳婉婷一共有六十四人，雖然這名字過於**菜市場**，但也似乎太不吉利了點。不過幸運的是經過交叉分析比對，的確有一個符合三重地緣關係的陳婉婷。

民國六十七年（西元一九七八年）出生，一百六十公分，離過婚生過孩子，陳婉婷這名字是這幾年才換的，她本名其實叫陳淑慧，待業中。而引起警方注意的，是在心智特徵這一欄，標註著「精神異常」，去年十二月初母親曾在大同派出所通報女兒失蹤，看來死者很大機率就是她。

「快點聯絡她的母親，安排來嘉義認屍。」

陳婉婷的母親邱女士，風塵僕僕抵達嘉義殯儀館，外頭早就擠滿了SNG跟記者，不斷追問邱女士的想法，但她都還沒進去認屍，又怎麼能回答媒體呢。只見她穿著一件厚毛絨外套，身材小小的略顯豐滿，是一般菜市場常見的中年婦女，戴著口罩低著頭，隨著警方的指引，立刻鑽進了小房間。

「嗚嗚嗚，我的小慧啊……怎麼會這樣子，是誰把妳這樣殺了，嗚嗚嗚。」邱女士認屍走出來後扶著牆壁啜泣著，媒體鏡頭把每一幕都給拍了下來。

邱女士從包著頭顱的黑色外套，認出了那是女兒的服飾，接著經過毛髮的DNA鑑定，確定了這顆醃頭顱就是三重陳婉婷。新北的媒體們一接受到消息，立刻簇擁到死者住處附近，試著打聽這個家的任何訊息。

令人意外地，幾乎每個人都對「陳婉婷」這個名字很陌生，甚至沒人知道她改了名，但街頭巷尾幾乎都認識這個**小慧**。

「小慧被殺了？怎麼會這樣？」隔壁鄰居掩著嘴，一臉不可置信。

「皮膚很白，她以前很漂亮欸！國中是**校花**，真的有很多人在追……那時候有影片公司想找她拍廣告的說。」同一棟住戶的老先生，接受媒體採訪滔滔地說著。

「她來當洗頭妹的時候，已經帶了一個孩子，那時候還滿漂亮的，後來她丈夫退伍她就不做了，過沒多久又看她在別的地方做美髮，就聽說她離婚了，精神失常了。」附近巷子一間理髮廳老闆娘，一邊替客人流利地剪頭髮，一邊回憶著。

「我們後巷都叫她小甜甜啊，前面那邊叫她小紅，夭壽喔，自從她『扒帶（精神失常）』之後，就經常穿著睡衣拖鞋，塗個大濃妝，在外面走來走去啊。」菜市場一位阿嬤七手八腳地說著。

「精神有問題啦！又沒工作，媽媽好像沒什麼管她，肚子餓就到處走，問問攤販能不能給她東西吃，有時候還會去找巷口那些計程車老司機，做『一次』五百塊啦，對啦！就是去賣啦，援交啦！」巷口一位滿頭白髮的阿姨，邊講邊搖頭。

「菸癮很大，幾乎是菸不離口，沒菸就去跟人家搞。」

由於陳婉婷從小住在這裡，大家都認識她。只是鄰里間的討論，從懷念不捨、驚訝感嘆逐漸變成八卦分享，陳婉婷的人生有著強烈的反差感，年輕貌美的少女，到現在小丑般的援交少婦，記者們都在猜想，她究竟都經歷過什麼，又到底誰要謀害，像這樣一無所有的精障女子呢？

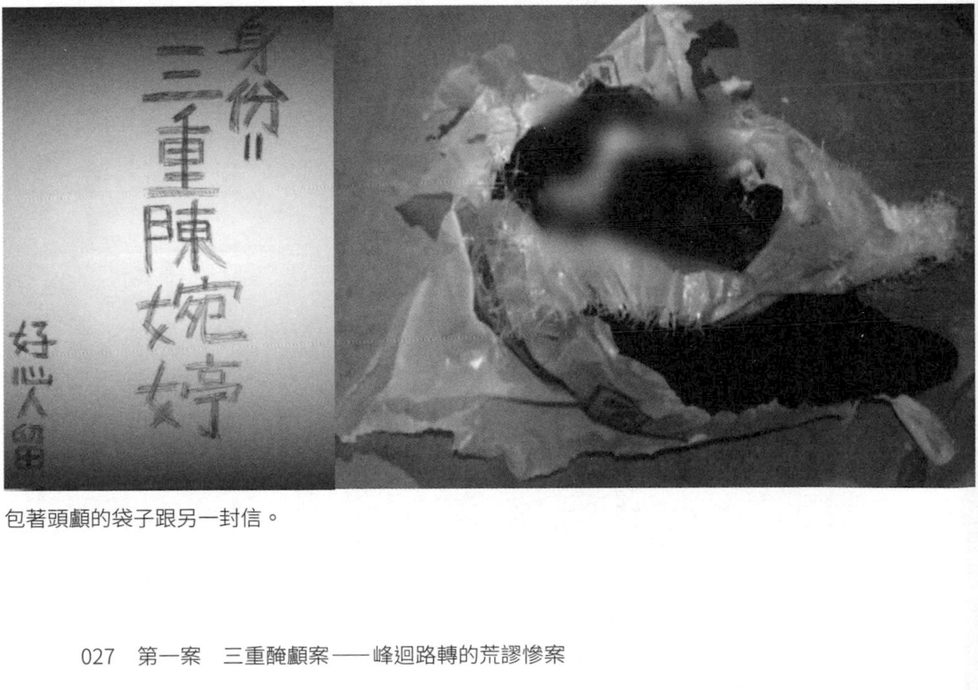

包著頭顱的袋子跟另一封信。

Clues

3 詭異陳二哥

陳媽媽向嘉義警方表示，家裡有五個孩子，她跟大哥、大姊、三弟住在基隆，只有二哥跟妹妹陳婉婷兩人住在三重。平時她每隔兩三天就會來探望女兒一次，並且住一晚，隔天才回基隆。因為陳婉婷前夫外遇離婚後她曾經想不開，被救回來後精神就開始出現異常，就診後認定罹患**輕度精神障礙**，也領有身心障礙手冊，每個月有三四千元的補助，加上又是低收入戶，政府補助一共每個月領八千兩百元。每次都是媽媽來探視時，一次給她幾天的生活費。

陳二哥名叫**陳佳富**，平時在三重一間口福自助餐店當廚師，去年十二月中，晚上突然打電話給住在基隆的母親。

「媽，阿慧兩晚沒回來了。」電話那一頭的陳二哥，語氣聽起來並不著急。

邱女士向警方解釋，因為陳婉婷偶爾也會失聯一到三天，多半是被**客人**帶走，之後就會自己回家，所以媽媽第一時間並沒有焦急地報案。直到五天後她再來三重，發現小慧居然還

奇異穿著的陳佳富，大熱天穿羽絨衣墨鏡假髮長褲，在街上四處繞行，丟棄頭顱。

沒回家，到附近她經常遊蕩的區域也打探不到消息，才趕緊去報案失蹤，沒想到竟只剩下一顆頭顱。

所以兇手有可能是性交易的客人嗎？法醫這頭在包著頭顱的內褲上，驗出兩名陌生男子的精液，經過比對調查的確是跟她有過性交易的**恩客**，約談後雙雙排除涉案。顯然兇手不但知道陳婉婷有援交的行為，還能取得恩客的精液，是刻意故布疑陣，誰有這樣的機會呢？

於是警方目光懷疑到了陳二哥身上，因為命案發生至今，與死者最親的哥哥，居然完全沒有現身，而且還失聯了。對比那封好心人的信件內容，由哥哥來寫似乎經濟條件、語氣立場，也相當的符合，只是眼前找不到他，該怎麼確認他的涉案程度呢？

此時偵查隊找來負責清潔男廁的人，一名越南籍的女清潔工，她是固定每週一三五會來進行打掃，她向警方表示週一打掃沒看到這一包，而週三來的時候，恰巧碰上第一間廁所有人使用反鎖著，並沒有打開，但週五來進行打掃的時候，就看到水箱上有那一包東西了，還以為有人忘了拿，所以沒特別去動它。

有了大概的時間範圍，警方立刻優先調閱週三的監視器畫面，原本預期可能要花一段時間過濾，結果在上午十一點多的畫面上，看到**超級可疑**的一名男子，拎著家樂福的購物袋進入了男廁。

要知道三月中旬的嘉義，跟北部完全是兩個世界，中午大熱天還是可能有二十七、八度的高溫，結果這名男子卻穿著厚重的黑色羽絨外套，一件藍色長褲，還頂著一顆爆炸頭的假髮，戴著墨鏡口罩，要說當天全台灣最可疑的人是誰，除了他應該是不會有第二個人選。但他會是陳家二哥嗎？

「這個就是阿富啊！我兒子陳佳富啊！」媽媽一眼就認出這個怪人，賓果！就是神隱的陳家二哥。

警方一路調閱監視器，發現他在棄屍前後，把原本二十分鐘的路程，刻意搭乘公車、計程車、白牌車兼以步行，在嘉義市區迂迴了一個小時，丟棄頭顱後接著就搭火車北上。這麼「顯眼」的嫌犯，媒體打聽出他行走的路線，果真也調出了他相關的路口監視器，頓時這段此地無銀三百兩的詭異身影，被新聞二十四小時播送著。

「他說他是要到水上，我說我的車輛，是要往嘉義這個方向，方向就不對了。」一名公車司機還記得那天與怪男的對話。

「他有停一下，看一下我們小姐，站了大概差不多一分鐘，就一直看我，我一直看他，因為我想說大熱天他幹嘛穿外套，神經病！」沿路的一間檳榔攤老闆娘沒好氣地說著。

「他戴毛帽、戴太陽眼鏡和口罩，看起來怪怪的，那天在那邊我在等紅綠燈時，他就臨時說要下車。」最後載到他的小黃司機也難忘那天這名奇怪的外地人，記者追問車上是否有聞到什麼臭味，他則是沒有印象。

「他皮膚很白，乍看之下還滿斯文的。我問他天氣這麼熱，你穿這樣會熱吧？他就說這幾天都很熱啊，很熱還穿這樣真的很奇怪。」當天與他共乘計程車的趙太太，也還記得當天的對話。

這麼高調的嫌犯，眾多記者很快就找到一堆目擊者。警方這頭也確認了陳佳富的通聯，雖然刻意關機避開定位，但仍在北上雲林彰化短暫開機過，一通陌生電話曾打來沒接到，他也回撥給對方，只是還沒接聽就隨即掛斷，接著又關機。像是打暗號確認任務般，難道還有另一名共犯？而陳佳富還刻意一度在新竹出站，繞了半天才又回到三重住處，把三到五小時的路程，繞成了八個小時。

更重要的是，陳家在南部是沒有任何親友的，警方已經準備好這一題，就看陳佳富怎麼回答。

另一頭三重警方調閱監視器也有斬獲，十三日當天凌晨四點三十三分，他穿著黃上衣拎著一個黑色大型塑膠袋，跳上摩托車一路往車站騎，在重陽路挑在一處監視器死角，變裝成爆炸頭的打扮，顯然他早已計畫躲避查緝，卻仍逃不過天羅地網的監視器。

而警方嗅到這不尋常的殺妹案，早就派人調查陳婉婷的保險紀錄，果不其然這兩年陳婉婷的保單，突然多出了六百萬的人身保險，算下來每個月平均得繳五千元的高額保費，受益人之一就是陳佳富。而陳二哥每月薪水不過三萬四，近期還拿房子抵押向銀行借錢，每個月須還款上萬元，這不合常理的保單，足夠成為他殺人的動機。

三重警方立即向檢方聲請搜索票，案發第三天凌晨，終於將涉嫌重大的陳家二哥，拘提到案。

Clues

4 油膩的線索

這一天上午，我被公司派來三重支援，平時我的線路屬於台北市，除非發生重大的事件，否則都有跑新北的同事會處理，而這類重大刑案自然就沒有分線路，全部都得來支援，重點還得挖出獨家線索。

「你妹妹究竟在哪裡，有幫妹妹投保嗎？」

「為什麼要殺自己的妹妹，有殺你妹妹嗎？」

一群電視台記者伸出麥克風喊著，然而這次跟以往犯人移送的**型態**很不一樣。陳佳富穿著一身迷彩裝，被四名刑警架著拖出來，他居然嚇到雙腿發軟，甚至還**尿失禁**。大同派出所外簇擁的媒體，見到這一幕無法逼近問話，一旦擋到員警拖人的路徑，狀況可能就陷入混亂。

左右兩旁的人抓著他的肩膀，將他移送分局偵訊。然而在外頭等待破案記者會的媒體，卻是焦躁不安，因為遲遲等不到警方的破案記者會說明，要趕上十二點的新聞頭條，得趕快返回公司做帶呢！

「隊長，這是怎麼回事？為何還不開記者會。」我滿頭問號，走進隊長辦公室探詢。

「他跟我們想像得不一樣，看他那副畏罪的樣子，原本以為他會直接坦承，沒想到他居然一百八十度轉變，到偵訊室裡面突然變得很冷靜狡猾，只會說不清楚、不了解、不知道。」隊長皺緊眉頭講著。

一般殺人命案流程警方偵辦，都是先找出**殺人證據**，接著才會去逮捕嫌犯，確認他的殺人動機（不承認也沒影響），就可以移送地檢署複訊。而醃顱案發展到這裡，說明白點，警方手上掌握到的只有**棄屍**證據，沒有殺人的直接證明。因為一來沒有陳婉婷的其他屍體，二來沒有關鍵兇刀；而詐領保險金的部分，畢竟還只是**推測**階段，進到法院都可能被辯方律師反擊。

一切都回到原點，當務之急得找出**殺人證據**。

由於屍體在嘉義被發現，主責單位算是水上分局，陳佳富隨即被移送到嘉義繼續偵訊，而三重分局沒有因為抓到嫌犯而鬆懈，而是緊急聯繫刑事局鑑識中心，大批人馬隨即到陳佳富的住處，進行詳細採證。

陳佳富兄妹的住處鄰近黃昏市場，是一間傳統老公寓，外牆貼滿紅色的小磁磚，幾條水管掛在外牆，還有擠滿各種第四台的黑色線路。樓梯間還是那種幾根鋁柱，上頭套著紅色塑膠皮的把手，是早年台灣常見的基本設施。陳佳富與妹妹住在三樓，而二樓的住戶，則想起了去年底陳婉婷失蹤前，家裡曾出現的恐怖狀況，時間點是十二月九日。

「那天早上十點起床盥洗，沒想到浴室洗臉盆水孔，居然冒出一陣油膩的血水，還帶有一些內臟之類的碎肉，不斷地從水管冒出來，水管像是被堵住了逆流。」

二樓的彭姓住戶說到這裡，表情像是回到當天清晨般，鼻子上擠出的重重皺褶，那個噁臭味難以形容。

「然後就聽到樓上像是絞肉機的運轉聲，我知道他是廚師，但不曉得他在幹什麼，就上樓敲門要去跟他理論，結果他都裝沒聽到不開門，只好回來把那一堆『肉水』沖到馬桶，但那些內臟還是不斷從浴室排水孔冒出來，我就再上樓大喊，你再不出來我就要報警了喔，他還是不開門，我就氣到回家繼續清。」

「過沒多久他就來按我門鈴，我就質問他到底在絞什麼碗糕，我這邊浴室排水孔冒出都是肉！他居然撒謊說是四樓住戶弄的，跟他沒關係，但他說要幫我清理，我就說免了，就請他出去」

聽完二樓住戶的抱怨（證詞），警方心裡已經有了一個難以想像的犯罪畫面，更糟糕的是，陳婉婷剩下的軀體可能已經成了肉末，全進了地底下的化糞池。

「如果沒有找到屍體，不排除要開挖（化糞池）了。」

記者跟承辦員警交頭接耳討論，聽到這樣的消息大家一陣譁然。

水上分局這一頭，陳佳富依舊一痞天下無難事，還聲稱自己有精神分裂症，領有身心障礙手冊，警方一查的確所言不假，依照近年來司法對於精障犯罪的處置，陳佳富搞不好會無罪，太難辦了。

經驗豐富的刑警輪番上陣，只希望他坦承一切，所有事情就能迎刃而解，但沒想到陳佳富什麼都跟你侃侃而談，只要一提到案情相關，他就

陳佳富清晨從住家拎出的大垃圾袋，隨即變裝南下。

立刻沉默，表情沉著一陣子就說那不是我，不是我幹的，我什麼都不知道。即便把監視器畫面拿出來，他還是可以厚著臉皮說，**那個不是他**。

警方什麼犯罪者都遇過，就沒遇過這麼精明的精障者！員警心底出現不小的疑惑，一查陳佳富去年曾偷了一條四百元的毛巾，就曾以被害妄想症等理由上訴，但法官認為他可以冷靜訴說這些法律用語，認定他案發時精神正常，駁回上訴。

再從他現在的狡辯方式來觀察，怎麼看都沒有精神障礙，那他的精障手冊怎麼來的呢？

Clues

5 落跑的妻子

一般刑案現場，等待鑑識小組仔細採證完畢後，通常就會允許家屬可以回到屋內，拿一些私人用品，特別陳佳富已經被收押了，也需要一些衣物生活用品。這天下午，陳佳富的母親從三重住處一走出來，隨即被大批媒體包圍。

「妳相信妳兒子殺了妹妹嗎？」

「沒有！沒有！」邱女士三步併成兩步，奔向巷口，被至少七八台攝影機緊緊圍著。

此時我注意到另一名男子，手上拿了一袋類似證物袋的透明塑膠袋，隨著邱女士後方快步走向另一邊，我意識到這個人挺關鍵的，媽媽應該是不會受訪，我大膽地做了一個決定。

「小兔哥！這裡！」我大聲喊向追著邱女士跑的搭檔攝影，他也是跑了將近二十年的資深社會攝影，望著我的手勢指向那個男的，他立刻就意會到我的想法，要去追另一個人。

「請問你是陳佳富的誰？」對方表情凝重，並不是很想回答，而我注意到手上那一包，裝的都是衣物。

「這是陳佳富需要的衣服嗎？你是他的哥哥？你相信陳佳富會做這種事嗎？」男子的腳步越來越快，對攝影來說是相當危險的時候，因為他得倒退著走，還得兼顧鏡頭不要晃動，這樣我們才能有拍到正面的訪問。

「我不相信！」陳佳富大哥開口回答了，表示我問對了方向。

「那你覺得他為什麼會殺了妹妹？兩個人感情不好嗎？陳大哥我們停下來聊一下好嗎，啊——」

正當我們一路追進騎樓的時候，由於有一段路有高低差，攝影一個踉蹌摔倒了，但小鬼哥第一個動作不是保護自己，而是肩膀上那台價值十多萬的攝影機，幸好人跟機器都沒事，但陳大哥趁亂溜了，而我們的判斷跟努力，獲得了一次獨家訪問連線。

隨著偵辦進度陷入膠著，醃顱案新聞熱度逐漸消退。不過誰也沒料到從中國大陸那邊，居然傳來了醃顱案的**關鍵目擊者**，也就是陳佳富的中國籍妻子**劉淼淼**。原來在陳婉婷遇害之前，陳佳富接受了中國籍同事的介紹，得知他們有親戚想嫁來台灣，聘金需要二十六萬，陳佳富與劉淼淼相識之後，有意願結婚口袋卻沒錢，最後以房子為抵押，向同事跟銀行借貸，完成了婚事，並約定年底將妻子接來台灣住。

劉淼淼是在十二月三十日飛來台灣，因此從沒見過陳婉婷，只知道丈夫的妹妹失蹤，卻突然有媒體爆出，在入住三重家裡後幾天，跟她竟有**一面之緣**。

「**一月三號到五號這期間，就覺得房間怎麼有點臭臭的。我還問他，今天房間怎麼這麼臭，他就說沒有，可能是外面飄進來的啊，味道我說不出來，反正臭臭的，不是屍體臭。**」劉淼淼在中國大陸接受媒體訪問說道。

「**那個澄清我是清白的，不要那樣誣陷我。**」

劉淼淼否認外界懷疑她涉入此案，不過有雜誌報導，她曾在冰箱冷凍庫見過陳婉婷的**頭顱**，又見到陳佳富冷冷地看著她，她裝傻當作什麼都沒看到，才會急忙返回中國大陸。

四月十二日她接受台灣警方約談，撇清雜誌的報導，只證實看過陳佳富某天將絞肉機打包，說要拿出去賣而已，回中國是因為奔喪，並非因為懷疑陳佳富是兇手。但她也說了關鍵的部分，她從來就不知道丈夫是精神障礙者，平時生活完全沒有異狀。

「**當然是因為認識他一段時間，覺得他人很正常，才會嫁給他啊。**」劉淼淼這樣說道。

陳佳富收押一個多月後，電視台的所有記者又全部聚集到三重，因為警方罕見**封街**，甚至還拉出了布幕阻擋拍攝。四月二十四日刑事局鑑識中心偕同三重分局，準備要開挖化糞池了。雖然記者被隔在遠遠的巷口，但仍然可以遠遠就聞到，算了不要去描述那個味道⋯⋯

原來上個月在陳佳富家裡採證時，就發現家中有大量漂白水溶液，以及大型的空桶，顯然在屋內曾經進行過大規模的**滅證**，鑑識小組在一個大型塑膠桶裡面，發現塞了許多的桶子鍋具，其中第五層一個電鍋內鍋，採集到了ＤＮＡ，也在陳婉婷房間的衣櫃下方，採到血水以及ＤＮＡ證據；更重要的是在一把文武刀上，發現了陳婉婷的ＤＮＡ，因此確定三重住家就是命案的第一現場。當然這些媒體都還不曉得，通常這類偵辦細節，都得等到檢察官起訴後才會公布證據。

「我們要進行化糞池的抽取篩濾，以供檢驗必要之證物。」三重分局長陳耀南接受媒體訪問說道。

「有抽取到什麼比較重要的跡證嗎？」

「目前還沒有篩濾。」

「大概的量有多少？有沒有什麼肉啊？骨頭？」

「抽了一車，沒有，什麼都沒有。」

刑事局鑑識組員穿起防護衣，搭起簾幕，準備抽取化糞池化驗。

警方大動作開挖，結果徒勞無功，雖然也不意外，畢竟都過了五個月，能採到才是奇蹟。而另一邊問不出案情的嘉義警方，竟傳出要找知名**美女主播侯佩岑**，還有**美女歌手卓文萱**來協助辦案。太離奇了，殺人案跟兩個女明星有什麼關係？只因為陳佳富似乎是這兩個美女的**腦粉**。

「今天看到醃頭案的兇嫌照片！嚇到我了！我整個人起雞皮疙瘩……因為他就是那個叫我愛妻，還寄沙龍照和精液衛生紙給我的變態！還來我的簽唱會，虎視眈眈的看著我露出猥瑣的笑容，還握了我的手以及寫信威脅我不準拍吻戲（因為他說他會生氣），那時候實在是因為太害怕，所以我就有先去備案！這種人實在是太可怕了！我很慶幸我現在還好好的……我希望大家都要小心注意安全！」

卓文萱曾經在臉書上貼出陳佳富的報導，並寫了一段恐怖的經歷。檢察官也對媒體表明的確有認真考慮，邀請這兩位對陳佳富有影響力的女性來協助辦案。而正當娛樂跟社會記者都在等待這史無前例的約談時，七月十二日，檢察官將陳佳富起訴，並求處死刑。

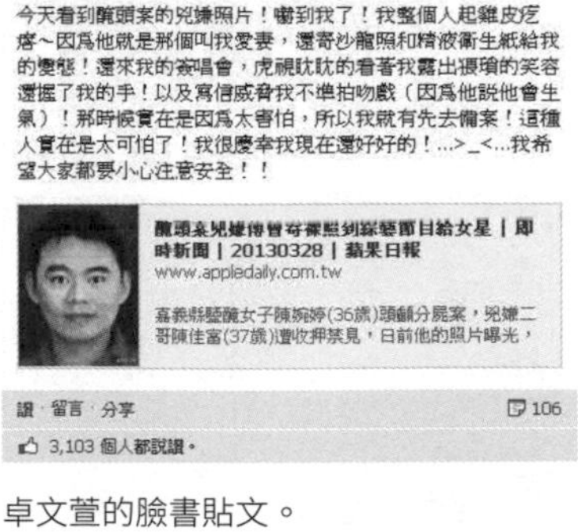

卓文萱Genie 分享了 1 條連結。
星期六
今天看到醃頭案的兇嫌照片！嚇到我了！我整個人起雞皮疙瘩~因為他就是那個叫我愛妻，還寄沙龍照和精液衛生紙給我的變態！還來我的簽唱會，虎視眈眈的看著我露出猥瑣的笑容還握了我的手！以及寫信威脅我不準拍吻戲（因為他說他會生氣）！那時候實在是因為太害怕，所以我就有先去備案！這種人實在是太可怕了！我很慶幸我現在還好好的！...>_<...我希望大家都要小心注意安全！！
時新聞｜20130328｜蘋果日報
www.appledaily.com.tw
嘉義縣驚醃女子陳婉婷(36歲)頭顱分屍案，兇嫌二哥陳佳富(37歲)遭收押禁見，日前他的照片曝光，
讚 · 留言 · 分享
106
3,103 個人都說讚。

卓文萱的臉書貼文。

Clues

6 混亂的人生

有時候讀檢察官的起訴書或法院的判決書時，才知道當時檢警花了多大的努力，想要找出嫌犯的成長背景跟殺人動機。特殊境遇像是家暴、父母離異坐牢等人生經歷，是一定會提到；但有時候求學經歷或者戀愛經驗，也會成為萬字起訴書的內容之一，對媒體記者來說更讓能清楚了解，嫌犯與被害者的人生故事。

檢察官起訴陳佳富，主要是經過調查他的精神障礙手冊，竟是透過**欺騙手段**取得，精神鑑定結果也是一切正常；釐清他的財務狀況後，發現他是因為娶了劉淼淼後，負債壓力沉重，由於之前有參加過保險業務員的培訓，認為利用妹妹當人頭詐保，除了可以領得鉅額保險金外，還能把精神障礙妹妹這個**問題**永久解決，一石二鳥。

但他沒想到台灣法律有規定，**失蹤需要滿七年才能宣告死亡**，而這七年他必須得持續給付保費，但他根本付不出來。於是才打算在保單失效以前，讓妹妹死亡的消息透過「好心人」的信件曝光，整起醃顱案才因此出現在大眾眼前。

陳佳富跟妹妹唸的都是三重高中附設國中，知名華人影星林青霞就是在這裡畢業。但兩人卻結識了壞朋友開始翹課，國三開始幾乎沒有到學校，因此雙雙輟學。接著陳佳富染上了毒品，而貌美的陳婉婷十八歲就結婚生子，卻在離婚後也染上毒癮，甚至導致精神失常。

而由於陳婉婷援交的事情，大街小巷都知道，讓陳佳富覺得丟臉，經常惱羞成怒，甚至會對妹妹動手動口。

「會動手打她，會罵她啦！」

「有抱怨過，還說哥哥想摸她。」

一名鄰居回憶道。

起訴後的新聞焦點，一部分除了犯罪過程的描述外，兩兄妹的特殊遭遇也成了新聞配稿的重點。配稿的功能就是說，在主新聞外更豐富幕後的相關內容，通常加害者或被害者的人生故事，都會分別開一條新聞處理，接著就是看記者各憑本事，挖故事挖真相。

這天下午我第N次來到案發地，已經繞過好幾次，這回卻在一間診所外看到熟悉的面孔，原來前一份工作認識的美女同事，現在恰巧轉來這裡當護理師。

「就是有點變態的人，他眼神就是色色的，色瞇瞇的感覺。就是沒事就看個病，然後要打針這樣子，然後就是會摸一下護士的手，就是那個妹妹會來，他們那邊坐坐，晃來晃去看個電視之類的。」她對這對奇怪的兄妹十分有印象，還說哥哥簡單來講就是兩個字，**好色**。甚至連診所主管都曾口頭告誡他，不要故意**假看病真性騷**。

「大家都知道他有吃毒，知道啊，哥哥不正常，因為有一天他有偷拍我妹妹，被我老公打。」同一棟公寓的女住戶提到陳佳富的好色行徑，也露出十分厭惡的神情。

甚至有媒體問到鄰居爆料，陳佳富甚至還想**染指親妹妹**。

檢察官起訴後，陳佳富沒有變得老實，反而更是花招百出，時不時報紙就會出現他的新聞標題，裝瘋賣傻。

「有一台機器，透過衛星和我連線，有空位就傳過來，跟我聊天說我讓你變歌星，那個聲音的人一個換一個，本來是傳送過來要救我，後來說要殺我。」

「後來換別人跟我連線，有各國元首，也有外星人，本來是要救我，後來跟我翻臉，我怕他來殺我，所以我就趕快先自殺。」

陳佳富在法院審理，完全不配合庭訊，甚至還會口吐白沫昏倒，但經過醫師精神鑑定，全都是裝出來的。審判進入了後半段，準備量刑時，法官徵詢了陳佳富母親邱女士的意見。

「他們以前曾有個會家暴的父親，去工廠喝酒回來，就會沒來由的痛毆小孩，一週會打個一兩次。後來在陳佳富十八歲的時候，父親就過世了，接著大哥跟小妹陳婉婷，陸續發作了精神病。」

「如果兇手是我兒子，我也不會怨恨他，他跟陳婉婷一樣，都是我懷胎十月生下的孩子，我會原諒他，希望有一天他可以回到我身邊。從小到大他並沒有犯下大的錯，對我很孝順，很尊重，也不曾口出惡言，出社會後還會給我零用錢。」

陳媽媽在法庭上聲淚俱下，請求法官給他兒子一個機會。法官參酌她既是被害人又是兇手的母親，如果將陳佳富判處極刑，等於再奪走她一個孩子，考量陳佳富**尚知孝順**，嘉義地方法院最後僅判處無期徒刑。二〇一五年四月三十日，最高院駁回上訴，全案定讞。

而當年那間丟棄頭顱的男廁，在地人盛傳不時會聽到有女孩子幽幽地哭泣，甚至看到白衣女子會飄進廁所裡，附近狗群深夜還經常在**吹狗螺**，靈異傳說繪聲繪影。後來廟方為了安撫大眾，索性把男廁拆了重建，還特別造景成了小公園，靈異傳說也就漸漸平息。

後記

近年台灣法院千奇百怪的**可教化**理由，可說已經讓老百姓天怒人怨，而因為**孝順**而能獲得免死的，醃顱案絕對是罕見的幾例之一。偏偏這諷刺的嫌犯，輟學、染毒、裝瘋詐領補助、謊言連篇，最後把妹妹當人肉提款機。法官特別點出他的孝，諷刺地更襯出其餘人格特質的荒唐。

台語一句俗諺「水人沒水命」（類似紅顏薄命），來形容陳婉婷或許十分貼切，令人惋惜的是在年輕時，或許因為盛世美貌讓她忘了腳踏實地的重要，連國中都無法好好完成學業，人生一路走偏，反被男人始亂終棄，甚至精神異常後，都被自己的哥哥當成了拖油瓶。

然而這樣一個慘劇，因果仍然有跡可循，從童年的父親家暴陰影，到中學的不羈輟學，接著染毒，生子離婚、母親遠離等等，一路走偏的人生，著實讓人警惕。唯獨不知當年改名為陳婉婷時，是依照台灣民間習俗，找老師算命出來的「菜市場名」；還是哥哥有意為妹妹的死亡安排，試圖干擾警方辦案的心機一筆呢？

現實中我還真的有個學妹叫陳婉婷，當時我也打趣跟她提起這個案子，她也是說這名字真的菜市場。雖然我相信姓名或多或少影響著個人，但命運還是掌握在自己手上。

＊故事收錄在《老Z調查線20》

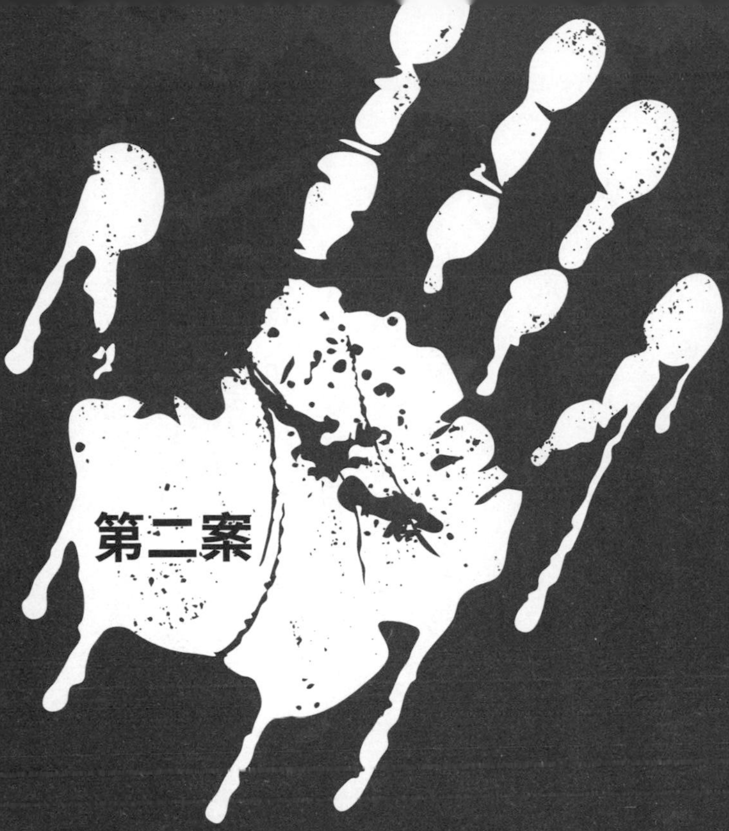

第二案

無賴殺天才——

家人都厭棄的惡徒，法官說他可教化

電視新聞的社會線，競爭相當地激烈，最重要的是每日獨家新聞的較量，幾乎能宰制當節新聞的收視率，甚至衍發出**獨家套稿**這樣的概念。也就是說它不是一般的獨家新聞，還能發展出另一則配稿甚至更多則，關於**主新聞**的深入採訪，通常是取得人物故事的訪問，或者是嫌犯不為人知的另一面，都會讓獨家新聞更有深度。

因此也就造就我們的日常生活，隨時都在注意**獨家線索**，一場小車禍或者是一個糾紛，都可能被挖出一個不凡的人物背景，甚至是一樁悲慘的人生故事。而電視台除了獨家訊息外，更需要**畫面**，簡單地結論就是，只要能掌握一段獨家畫面，基本上就有發展成套稿的潛力。

而這樣的工作觸角，不只有文字記者（拿麥克風寫稿配音的），更是攝影記者的基本技能。下面這個不可思議的故事，就是從一件我們俗稱A1，也就是死亡車禍展開的。

Clues

1 無理的車禍

二〇一六年六月二十三日這天，我已經在擔任社會中心的主管，資深的攝影小兔哥跑來找我咬耳朵。

「昨晚我家門口發生一件死亡車禍，一輛轎車紅燈迴轉，居然把斑馬線上的行人，撞倒拖行死亡，駕駛卻肇事逃逸，我已經調好畫面了。」

聽到這樣的訊息，對於需每日發包獨家新聞的我來說，眼睛一亮，於是把這追蹤獨家的重責大任，發包給了值得信任且當天負責小夜班的同事**何槵瑢**（後來的辣妻主播），撥給她一個下午的時間，去挖出車禍以外的更多資訊，畢竟我們是要發展出獨家套稿的，只有一段車禍畫面，遠遠還不足。

忙完1800的新聞之後的空檔，槵瑢很激動地跑來找我。

「展哥，我跟你說這個案子不得了，死的是**清大博士班**的學生，嫌犯警方已經逮到了。嫌犯跟被害者的資訊我都打聽好了，明天應該追得到雙方的訪問。」

不過一件死亡車禍，警方有機率發布破案記者會，這樣所有媒體不就知道了嗎？幸好偵查隊長這邊，是個很有媒體觀念的人，他已經得知我們獨家掌握到這個案件，不會隨便**破**（公開）媒體的獨家，可能會引起不小騷動，這是警媒雙方的小小**默契**。

不過畢竟也不可能掌握所有的目擊者，都摀住嘴巴不跟別人講吧。於是我決定晚間新聞的時候，就先低調以**單純車禍**獨家播出。

「好的帶您來看一件獨家消息，新北市新店二十二號深夜十一點多，發生了一起肇逃死亡車禍，一輛轎車高速闖紅燈迴轉，撞死綠燈行走的無辜路人，這名死者是清大博士生，外出吃宵夜卻無辜遭撞，而肇事者撞人後逃逸，躲了十五個小時才出面，他向警方說沒喝酒，不知道撞死人。」

夜間主播表情凝重地，說完這則新聞的稿頭，畫面則直接進入發生車禍的現場。在新北市新店中興路三段跟民權路的交叉口，搭倒數第二班捷運的人潮，魚貫地穿過斑馬線，而另一頭本該紅燈停等的藍色轎車，卻突然踩足油門彷彿賽車甩尾般U型迴轉，直接衝進斑馬線上的人群，像是鎖定目標朝著一名大男生背面撞下去，另一名女子遭到波及彈開，行人跟機車騎士見狀嚇壞，紛紛閃避。

但是被撞男子沒那麼幸運了，他直接被轎車撞上引擎蓋，接著被捲入車底拖行**七十多公**

尺，甚至輪胎還輾過他的身體，駕駛完全沒有理會，踩下油門直接加速逃逸，消失在中興路的黑暗中。而遭撞的男人仰躺地面，呈現大字型狀態，奄奄一息，救護車在五分鐘後趕來緊急送醫，但經過三個小時的急救，仍然回天乏術。

死亡的是一九八四年出生的**林仲桓**，年僅三十二歲，是國立清華大學物理研究所博士班的學生，也在台灣大學擔任助教工作。光是這個學經歷就知道他不是普通人，當天他只是從台大下班後，買消夜準備回家休息，卻這樣枉死在冰冷街頭。

Clues 2

慈父的呼喊

新店警方透過車牌，很快找到車主是一名姓胡的男子擁有，但他否認當晚是他開的車，而是他的兒子**胡家瑞**開走了，此時人卻是將手機關機，失聯了。警方調閱監視器追查他的逃逸路線，發現他進入了寶橋路的立體停車場，隨即拿著一個公事包，跑上了屋頂，接著又離開停車場。神隱十五個小時後，才由警方拘提到案。

第二天的獨家套稿安排，很快地決定了三則方向，主新聞是誇張的迴轉撞死人，加上當天的目擊者訪問；第二則是肇事駕駛的背景以及逃逸路線，第三條則是約訪林仲桓的家人，深度調查他在學校的表現如何。

「展哥，這次我真的剪（新聞剪輯）到哭。」一向內心堅毅的槵瑢，難得在播出前，預告她的採訪感想。

雖然社會新聞跑得多了，但每每面對被害家屬的眼淚跟悲傷，還是會不自覺眼眶失守，不過隔著電視螢幕前落淚，真的是新聞生涯的第一次。1200新聞開播，我們的獨家新聞被安排在頭條，只見開場一名瘦弱的老先生，戴著細金框眼鏡，年紀目視大概快七十歲，代表這兒子出生得晚，老來得子想必是相當愛護，這是我的第一印象。

「至少急救的時候，我們還可以在他身邊，最可憐就是……（摘下眼鏡），他一個人，在跟死神搏鬥的時候，我們親人都不在他身邊。」林仲桓的父親林如山，面對鏡頭緩緩說出他微薄的心願。

「他只要肯救他，我也會原諒他啊，可是他現在這樣我怎麼原諒他啊。」林如山用衛生紙擦去眼淚，繼續說著。

「不應該是這樣子的！轉彎而已不會很快的，撞了不會死的嘛，應該不會死的嘛，頂多是重傷而已，年輕人重傷搞不好還有救，是一定還有救！不是搞不好，一定還有救！」語畢的林如山掩面痛哭，螢幕前的我，更是激動得說不出話，早已淚流滿面。

社會新聞的採訪，通常被害家屬的反應，都是咒罵肇事者或是兇手，怎能如此讓他們親愛的家人無辜地慘死；或是幾近昏厥地痛哭，無法接受眼前的事實。很少有這樣的父親，只是希望孩子死的時候，還能夠陪伴他最後一程，沒有譴責兇手的惡意。原來林仲桓送醫的時候身上沒有任何證件，第一時間無法確認身分，後來通知到家屬到院已經是一具冰冷屍體。對這個悲傷的父親來說，只希望孩子在最後一刻，能不要**孤獨地離開人世**。

加上這一年五月底，我初為人父不到一個月，被這樣的父愛衝擊，我哭得久久不能自己。同時心裡也感嘆，有這樣的偉大父親，難怪孩子如此優秀！

「他好不容易走到這一步了，就這樣走了，覺得好可惜。壞人做錯事還要保護他的人權，那我們這些好人呢？我兒子規規矩矩的，走斑馬線過紅綠燈，走在斑馬線上，就被不守規矩的人撞，這些人是不是很可惡！我希望有人可以撻伐他這種人，太可惡了！」林仲桓父親穩定了情緒，繼續緩緩說道。

原來肇事駕駛落網後，竟然向警方表示，他不知道有撞到人，也否認有喝酒，不過胡家瑞有毒品前科，難道是吸毒的關係？而另一種常見會**拖延時間**到案的理由，就是**酒駕**，這樣警方就測不到體內的酒精濃度，刑責可是會大大減少。

「我不覺得（嫌犯）稱得上是有悔意，他不在意（撞死人）這件事情。」林仲桓弟弟氣憤地說著。

胡家瑞臉書照片，毫不在乎露出黑幫象徵的刺青。

在清大時期的林仲桓，因為下巴突出被稱為月亮。

Clues

3 消失的研究

胡家瑞第一時間給警方的說詞，是車上的隔熱紙太黑，前方的路燈又太刺眼反光，加上當時他車內音樂開得很大聲，只記得自己是綠燈迴轉，對於撞上行人他完全不知情，這樣的理由實在太瞎扯。經過了解，林仲桓在清大博士班被稱為**物理奇才**，正在進行中的研究論文，是當時全世界都還沒做出的新物質**鍺烯**，是一種專業二維材料，類似我們現在常聽到的石墨烯，原本還打算跟教授遠赴美國發表這重大發現，卻突然魂斷街頭。

「林同學研究做得非常好，事實上他跟台大合作研究，是很大的突破。有點像前陣子諾貝爾獎得主，所發現的石墨烯，他是用另外一個材料做出類似的，人家都做不出來。」清華大學物理系主任牟中瑜，解釋著林仲桓的學術成就，一邊眼神透露著無奈，也表示將繼續接手他的研究，希望能完成遺願。

但眼前出現一個很大的難題。

「他電腦都隨身攜帶的，可是車禍現場找不到他的電腦，電腦裡面資料非常重要，希望

大家能夠幫忙，有看到一定要送回來，謝謝。」林仲桓父親在新聞最後結尾做出請託，讓整起案件陷入最深沉的疑雲。

林仲桓的研究資料為何憑空消失？

重新看一次撞擊畫面，在斑馬線上行走的時候，他的筆電電腦包，的確還拿在手上，只不過撞擊後現場噴出大量碎片，這麼大的電腦包竟然不翼而飛，警方詢問現場三四名目擊證人，也沒人看到這樣的東西，導致送醫第一時間，無法即時確認他的身分。而我們掌握的最後線索，就是胡家瑞跑去了寶橋路的停車場。於是我再請槵瑢緊急去調閱監視器畫面，而顯示出來的資訊，讓我們不得不懷疑，這場不合邏輯的詭異車禍，是衝著林仲桓而來的。

「**嫌犯肇逃後第一時間把車開來停車場，但是這裡布滿電眼，嫌犯技巧性地閃避，唯獨電梯口的這一支監視器，他是以包包遮臉的方式，以為就不會被人發現。**」槵瑢在停車場做了一個stand[1]，呈現胡家瑞詭異的逃跑方式。

1　stand是指電視記者在新聞上獨特的演示方式，主要是記者人在現場示範，關鍵新聞訊息的「還原過程」，或是由另一個角度，詮釋畫面以外值得注意的訊息。近幾年stand被過於濫用，也出現過許多不明所以的stand，只是為了填補空白畫面的秒數。

重點是電腦包怎麼會在胡家瑞的手上？根據目擊者以及現場的監視器，他並沒有停車，更不用說下車了，那筆電怎麼會被他拿走呢？監視器顯示他走到停車場的頂樓，接下來的舉動就更詭異了。

快步閃過一樓監視器，上樓後他直接將電腦包背起來，不再遮遮掩掩，直接走向距離監視器最遠的一個角落，同時拿著手機與某個人通話，結束通話後不久，螢幕上看到了些許閃爍的**火光**，接著他就離開停車場。

警方當然也看到這些畫面，到場之後赫然發現，胡家瑞居然是將林仲桓的筆電燒了，直接丟棄在屋頂。警方尋獲筆電交給家屬，但無奈整台筆電已經焦了一半，裡頭重要的研究資料已經救不回來。似乎他只為了燒毀裡面的研

胡家瑞拿著林仲桓的電腦包，鬼祟跑進停車場，還刻意躲避監視器，到頂樓隨即打電話給某人。

究資料，並非針對整台筆電做銷毀，還大膽把證據留了下來，**這把火燒得離奇又懸疑**。

案發第三天的獨家套稿，是針對胡家瑞的刻意神隱，離譜供詞加上詭異滅證舉動為主軸；配稿則是找到他的臉書，曾經PO過自己在山區飆車，差點失控出事的影片，也PO文寫過：

「做人啊走得直行得正，不用怕別人怎麼講，更不怕別人怎麼弄！大家眼睛都雪亮的，遇到的事情都是有目共睹的！！不過我的為人永遠是要往好的地方看！！！往好的地方想！我希望身邊的哥哥好兄弟好！大家一起拚起來！」

PO文內容看起來，他也不是第一次惹出爭議。胡家瑞當過車貸放款業務，還有第四台

被胡家瑞刻意燒毀的筆電，隨手棄置在停車場頂樓，相當詭異的滅證方式。

接線員，槵瑢順利找到他的前同事訪問，對他卻沒什麼特別印象，他究竟是怎樣的一個人，是我們最想搞清楚的地方。而我們持續追蹤的獨家離奇車禍，也引起了各大媒體的注意，警方再次約談胡家瑞，並且來到停車場模擬案發經過。

「為什麼要燒筆電啊？為什麼要燒筆電啊？」胡家瑞兩手插口袋走出警局，不理會記者的追問。

「我們不知道，他已經被警察帶走啦，你們去找警察局啦。」胡家瑞住處樓下也聚集了記者，父母並不想面對媒體。遺憾的是，胡家瑞也不肯解釋為何要燒筆電，只說車子底盤意外勾住了電腦包，他停車後才發現，為了避免闖禍事情曝光，所以把筆電燒了。這樣含糊的理由沒有一個人能接受，反而更加深懷疑，他此舉的用意。

Clues

4 殘酷的交叉線

清大博士生的命案，成了週末社會頭條，而我們第三天打算持續推出獨家套稿，引來了當時新聞部副總監的關注。

「這個案子已經連做三天了，今天難道還要持續推這套嗎？」言下之意是，我們應該要找另一個社會新聞的重點來執行，但我提出反駁堅定立場。

「今天各大媒體都要追這一條，我們手上還有獨家配稿，難道要我們完全放棄在這則新聞上的競爭力嗎？」副總監被我的堅持說服，雖然並不清楚收視率最後表現如何，但這個案子真的水很深，跑社會新聞遇到這種謎案怎能輕言放棄。第三套獨家配稿則是敲定了清華大學校方，安排林仲桓父母搭高鐵到新竹的研究室一趟，一來收拾遺物，二來也能看一下孩子在清大是有多麼努力。

「**有時候我問他說，你在做什麼實驗，他就會說『跟你講也聽不懂』，能看到他過去這十幾年來，生活的環境，感到蠻滿意的。**」林仲桓的父親走進實驗室後說出他的感嘆，而唯一一次受訪的母親，則說出另一種悲傷。

「他從小到大，他畢業典禮我從來沒有參加過，我只能參加他人生最後畢業典禮。……是不是因為我，沒有去拜拜求佛做善事，所以今天他才會死於非命，會被人家撞。」林仲桓母親傷心地自責，本來跟兒子約定半年後博士班畢業，她無論如何都一定會到場，沒想到卻因為這樣嘎然而止，她完全無法接受。另一個傷心的，是愛情長跑八年的女友，也在等待他拿到博士學位後結婚，幸福竟被這樣無情撞碎。

林媽媽說林仲桓生日很特別，是四年一次的**二月二十九日**。他從小就喜歡物理，高二分班後更是把清華大學設定為第一志願，高三的電腦螢幕桌面放的就是清大的校門口，每次打開電腦就會大喊「**清華大學我來了！**」。他還特別執著於給唐述中教授指導，所以在研究所的第一年，沒有直接進實驗室，先當一年助教，為的就是能跟唐教授一起做研究。而唐教授也將他當作家人般看待，兩人至今合作研究了七年，還因為教授一句建議，跑去日本做了近一年的研究。而林仲桓下巴有點戽斗尖尖的，大家都叫他**月亮**，而他的生活不是待在實驗室就是宿舍，甚至經常忙到深夜十二點。

「非常努力，非常投入，但也要求非常完美的學生。」教授唐述中補充道，還說這個學生有非常嚴重的「正確潔癖」，只要有一點感覺不對不完美，就會反覆確認極小的細節，但也是這樣，最後師徒兩人才能將鍺烯[2]完美製造出來。

七月十日，林家為月亮舉辦告別式，清大特別追贈一件博士袍還有畢業證書，也承諾會重新分析林仲桓留下的資料，完成他的研究，投稿到國際期刊上。

「**別為爸媽和弟弟掛心，我們會把你長留心中，我們會好好的生活，有緣我們來生再做一家人。**」白髮人送黑髮人，林爸爸致詞仍舊老淚縱橫，在場所有人無不眼眶泛紅。

但另一條與林仲桓交叉的人生時間線，卻是截然不同地開展。告別式結束三個月後，胡家瑞住家房間傳出**槍響**，疑似他吸毒後精神恍惚，居然持槍朝自己頭部自轟，警方還在現場發現不少改造槍枝的器具，他卻辯稱槍是從河濱公園撿到的，被解讀成是壓力太大想畏罪輕生，但因為改造槍枝的火力不穩定，只造成頭部紅腫。

之後胡家瑞便以當天吃了精神病的藥，因為恍惚才闖下大禍來做辯解，想以過失致死的罪名取代殺人罪。但隔年一月，檢察官仍以殺人罪名起訴他，遺憾的是燒掉筆電的部分，並

2 鍺烯這項全新的二維半導體材料，物理性質在二〇〇九年被提出，卻遲遲沒有物理學家能成功作出成品。林仲桓生前埋首鍺烯研究，嘗試以不同成長溫度、蒸鍍速率、方法，終於成功在銀表面長出鍺烯、形成一層漂亮的蜂巢狀結構，是相當重大的突破（摘自清華大學網站介紹 https://www.nthu.edu.tw/hotNews/content/548）。

不被認為是滅證行為，獲不起訴處分。

進入法院開庭審理，胡家瑞第一次出庭就遲到四十五分鐘，還在庭上不時地傻笑，堅稱自己因為吃了鎮定劑跟抗憂鬱藥，不知道有撞到人，也不斷堅持著他是綠燈迴轉，即便目擊證人跟監視器都明確指出闖紅燈，他依舊可以裝傻。而且直到開庭前才傳簡訊給林仲桓父親，說：「**自己生不如死，如果可以用自己的命，去換來諒解，他願意這麼做。**」很明顯只是為了取得法庭上，**已和家屬道歉**這樣一個程序。

「**從頭到尾都否認！就算證人已經講他闖紅燈，他一直堅持是綠燈，一點都不承認錯誤。連死的勇氣都有的話，那就請他好好面對司法，接受該有的審判，還給我兒子一個公道。**」

林仲桓父親在法庭外首次接受媒體聯訪，難掩對胡家瑞無賴態度的氣憤，然而林爸爸僅僅半年多時間，從滿頭黑髮變成白髮蒼顏的衰老模樣，更是直接讓人感受到他承擔了多大的悲傷。

胡家瑞出庭就是一副**你拿我沒轍**的模樣，檢方起訴半年後，台北地院法官依照殺人罪和非法持有槍械，僅僅判他十八年有期徒刑。理由擷取判決書如下：

「**……是本院毋寧相信被告之行為模式仍可能修正，以有期徒刑即可使被告在漫長監禁**

歲月中，一面忍受對自由的渴望，承受殺害被告林仲桓之自責煎熬，確實、真摯悔悟反省所為、培養同理心、不再合理化自身偏差行為，學習尊重他人及自己的生命，對自己所為罪行負責，以期在出監後珍惜人生重來之機會，故認尚無處永久隔離等極刑之必要。」

簡單一句話**可教化**，全台灣幾乎所有人就懂了，撞死清大物理奇才，實際殺人部分是僅被判處十四年六個月，林仲桓的父親曾在庭上說道：

「……被告從小到大不知道犯過了多少錯誤，社會都予以原諒，……這個世界上壞人都可以鑽漏洞而不用受到處罰，對於歷史意義是有很重大不好的影響，……」

犯錯的人可以不斷擁有改過自新的機會，謹守本分的好人，竟諷刺地成了這些人成長的養分。

Clues

5 可教化的無賴

其實胡家瑞撞死林仲桓前，才因為毒品案判刑一年多，但獲得緩刑，林仲桓父親曾感嘆，等於他做錯事一天都沒有關過，如果有被關起來林仲桓也許就能躲過一劫。而胡家瑞還覺得判決太重，持續上訴，改以聲稱罹患思覺失調作抗辯，而法官期許他能改過自新的這個**無賴**，持續在外頭作亂。

二〇一八年五月中，胡家瑞徒步經過江陵派出所，不滿一名吳姓男子站在門口看他，居然開口嗆聲看什麼，接著作勢從包包要拿武器攻擊。吳男跑進值班台向警方求救，胡家瑞接著居然嗆殺警察。

「你爸我ＸＸ有牌流氓，怎麼樣啦！我殺你了不起關二個月……他要殺我我不能回手啊……」

「你現在講什麼！殺誰？殺誰？你在說什麼你不要動，你不要動沒關係，等一下筆錄你想怎麼講就講。」

胡家瑞嗆殺警察又成為當天新聞頭條，而原本還會陪伴兒子出庭的胡爸爸也向警方表示，每個月兩萬多的退休金、積蓄早就被敗光了，兒子惹出太多事情，他已經不想再管。民事法庭則判胡家瑞得賠七百六十四萬，也僅僅淪為象徵判決。

同一年國慶日（十月十日）前一晚，胡家瑞又在自家頂樓**開槍慶祝**，警方獲報前往逮人，他又嗆警察，事後還把這一段過程影片，PO上爆料公社討拍，結果反成了鄉民們的笑柄。因為影片中他狂嗆警察沒有搜索票，還要員警的警員編號，警方勸他放下手機，準備壓制的時候，他卻大喊：

「救命啊！爸爸！他搶我手機，爸爸！爸爸！救命啊！」

十足**爸寶**的口氣被鄉民酸爆，而這回開槍被逮，他口中的爸爸籌不出保釋金，胡家瑞因此遭到收押。二〇一九年二月二〇日，月亮林仲桓生日的前一週，胡家瑞上訴遭到駁回，法官仍維持十八年有期徒刑定讞。然而還沒入監服刑，宣判後三個星期，他突然動手攻擊老父親，甚至又要開槍，再度被以現行犯逮捕，他過程中還襲警，又再度吃上一次妨害公務罪。而他的女友幾天前，也因為吸毒倒在派出所附近，雙雙遭到移送，胡家瑞也終於入監服刑。

入獄後他仍不斷聲請殺人罪再審，但全部遭到駁回。

林仲桓的鍺烯研究，最後在唐述中、牟中瑜、鄭弘泰等三名物理系教授，以及陳韋全、陳亭宇等四位碩博士生合力下，終於順利在二〇一八年一月二十九日，以林仲桓為第一作者，投稿國際學術期刊《Physical Review Materials》。這篇全世界首次發現鍺烯成長在銀上的論文，公開林仲桓對物理界的貢獻。

「我也經歷很多的挫折，但我也知道這就是林仲桓他的風格，他冥冥中也希望我，也要接手，要為他圓滿這個夢。」清大教授唐述中，感嘆地說道。

「那我今天真的很高興，他終於完成了……對不起……在教授努力之下，能夠把他的論文完成，我要感謝同學們的努力，我們過年前最好的禮物。」林仲桓父親最後一次受訪，一頭已完全白髮的愁容下，語畢默默擦拭著眼淚，他已經完成兒子的遺願。

最後清大教授跟學生接力將林仲桓鍺烯研究順利發表，雙親落淚感謝清大完成兒子遺願。（圖片來源：清華大學官網）

後記

這是從一場車禍挖出來的獨家新聞，充滿了淚水跟人性冷暖，兩條毫無關聯的平行線，一邊卻殘酷地死亡交叉。一邊是被父母寄予厚望，被稱為有機會接近諾貝爾獎的物理天才，一邊卻是被父母溺愛，吸毒、玩槍毫無悔意的痞子。

唯一相同的點，他們都是父母心中的寶，卻養出截然不同的孩子。諷刺的是，台灣司法會一直找理由，給加害者自新機會，卻沒有設下但書機制，這些無賴若沒有改過向善，那當初法院給他的寬容，究竟是過於理想的進步司法，還是讓人搖頭的**佛系審判**。

當初胡家瑞為何選擇燒毀筆電，而不是用其他更簡單的滅證方式，一直有人採取陰謀論的揣測。然而比照敗光父親積蓄的胡家瑞，無業卻能一直吸毒擁槍還有昂貴子彈，也很難不讓人有更多聯想。但可以確定的是，我們失去了一位物理奇才，留下了一個可教化的無賴。

＊故事收錄在《老Z調查線40》

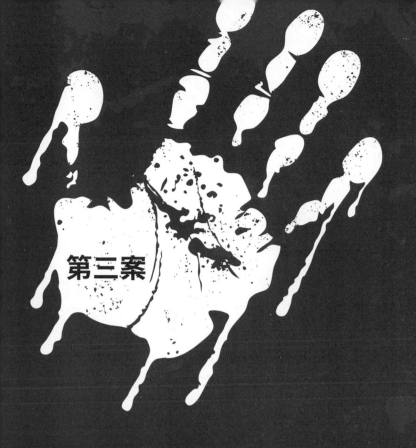

第三案

雙子虐殺案——

來自倖存者的一封請求

新聞記者跟民眾交流的方式，其中一種叫**投訴**，新聞台一般也會設置投訴信箱，不論是紙本或是e-mail，都讓有冤難伸的人，多一個發聲的管道。身為社會中心的主管，也得負責收發公司的投訴信件，有時候的確會出現匪夷所思的案件，成了媒體監督政府或各種民間單位失職或疏失的線索；但其實大部分收到更多的是，不知所云的信件，有的向你爆料某個高官的私密行為，繪聲繪影卻沒有任何證據，有的會說自己的人生有多委屈，被誰霸凌的辛酸，有的甚至會跟你說碰到外星人等光怪陸離的內容，與其說投訴不如說是想找個人講話，因此過濾出有用的信件也是我日常工作之一。

斜槓成YouTuber之後，跟觀眾互動的方式變多了，在YT留言或是到粉專私訊，雖然也是會出現一些怪怪的人，但能看到對方的大頭照，或多或少增加了一些對談的可信度。畢竟有些人可是會為了想紅而提供假消息，早期記者生涯就有出現過**檢舉達人**，經常會給出有用的爆料線索，像是公共設施的出問題，或是某個鄰里的糾紛等等，此時你腦中應該是出現一個熱心年輕男子之類的影像。但難以想像的是這位「達人」，他只是名高職生，而且幾乎所有電視台社會線記者都認識他。

不過有次被我捉到，他說一間知名牛肉麵店麵裡有蟑螂，我跟攝影怎麼看那一段影片都有點**不對勁**，當天中午新聞播出前我立即回報這件獨家投訴恐怕有問題，與攝影停在板橋的某路邊，給這位學生曉以大義，作假的新聞恐怕是會沾上妨害名譽的官司，他不發一語低著頭看著地面，腳尖不安地在地上踢著，不承認也不否認。自此之後這名「檢舉達人」，就默默消失在電視圈中。

時隔十年，我收到粉專的一封私訊，這一回揭開了前所未有的採訪體驗。

Clues

5 倖存者的來信

二〇二三年國慶日十月十日中午十二點十二分，ＦＢ粉專信箱悄悄出現了一段訊息。

「老Ｚ您好，打擾了！

我是您YouTube上的觀眾，

很喜歡您闡述的臺灣社會案件，

更是令人發人省思。

想詢問能否請您做一則關於民國八十八年——駱明慧殺子案的回顧嗎？

我是那時倖存的女嬰，

惟當年新聞資料已寥寥可數，

但是我是真的很想知道整件案情的來龍去脈。」

我是在晚間就寢前清查信箱，發現了這一個訊息，很簡單禮貌的回覆。

「**好的，我上班時來查查看我們當時有沒有相關資料。**」

因為著實不少人會私訊我，希望我講哪個案件，或年代久遠的**歷史故事**，不過要做出調查線的節目，還是得需要公司新聞資料庫有存檔才行。由於我並沒聽過這案件，趕緊上網查了一下相關的資訊，確認當年命案的確留下一名倖存女嬰，駱庭宇。

「所以妳就是那個小女兒？」我驚訝地詢問，沒想過會有命案的相關人會來請我說案子，通常命案對於被害當事人來說，都是一段不堪回首的記憶。

「**我是駱庭宇，雖然家裡的長輩也曾經敘述過，但是我覺得還是報導及當年的影片機率（疑似選字錯誤）才叫人深刻，非常謝謝你。**」

對方來信的ＦＢ大頭照，是一名相當清秀的女孩，有雙靈動的大眼，烏黑的長髮以及稚氣未脫的微笑，就像是個女子高中生的模樣。這讓我稍微有點警覺心，畢竟這年頭詐騙集團很多，通常都喜歡用漂亮女孩照片作為接觸的第一步，我一方面迅速**檢查**了一下她的臉書，立刻確認這應該是個**真人帳號**。不但每篇都用自己的照片，而且看似像一名小學老師，底下的學生或朋友互動留言也很多，我算一算了案發時間，命案倖存的女嬰當年才兩歲，差不多年紀也是符合，這才吃下了定心丸。

人頭帳號的臉書其實很好辨別，每篇文章都是轉貼居多，加了一大堆好友，卻沒半個人留言或按讚（以美女帳號而言相當地反常），看到類似這樣的帳號私訊我，通常就直接不理了。然而在近年詐騙集團氾濫之前，這類的美女帳號通常都是**特殊職業**的女性，以炫富跟旅遊為主的**個人照**，但明眼人就看得出來，這不是被富商「包遊」就是包養的形式，也就是飯局妹、出遊妹的帳號宣傳。離題了，讓我們回到私訊上。

「我目前已改為從父姓，現名叫做薛〇〇，若是有問題我會盡所能回答您的。曾經我有從《法眼黑與白》電視節目當中看過專題，不過後來長大後我再上網查就沒有相關資料了，網上是說當年資料毀損所以沒有保留到。」

於是我毫不客氣地與庭宇要了電話，在某日的午後空檔，問了許多當年案件的細節，彌補完所有新聞上遺漏的部分後，便開始了這次的調查線。

Clues

2 小學外的童屍

一九九九年，這一年最熱門的討論話題，大概就是世紀末的到來，究竟是不是末日，還有千禧蟲的種種問題。然而在兒童節（四月四日）的前一晚，一名男童卻先不幸地迎來他的末日。

高雄市苓雅區的福東國小，學校警衛陳啟雄傍晚六點五十五分在校門口巡邏時，赫然發現一名男童仰躺在校門的左側，全身濕透渾身都是瘀青，重點已經沒有呼吸心跳全身冰冷，緊急報警送醫後仍然無力回天。隔天兒童節各大新聞媒體社會頭條，竟是一名慘死在小學前的無名男童。

「**我六點出去巡視的時候沒有看到，在六點五十五分的時候我要進來，有看到我們那個……那個叫做什麼……交通管制器的下面，我看到一個小孩，這個小孩子就趴著，在那邊，我不敢去摸他，也不敢去動他這樣。**」警衛陳啟雄接受媒體訪問時相當緊張，講話還不時帶點結巴。

「目前初步的斷定就是不像是車禍，應該是外力所造成的。致命傷必須做進一步地解剖，可能是在頭部啦。」時任高雄地檢署女檢察官李靜文，聯訪時眼神閃過些許不捨，因為這明顯是一起虐童案件，也是一起殺人棄屍案。

三多路派出所是該命案的負責警方，員警眉頭深皺，因為這名男童身上毫無身分證件，問了一遍學校附近的住戶，沒人認識死者，顯然也不是該校的學生，一籌莫展的情況下，警方將男童死狀照片公諸媒體，希望能讓男童親友們看見能來認屍。然而當年媒體還沒有嚴格管制，男童的殘酷死狀就這樣赤裸裸地在電視跟報紙上呈現。

小男童穿著一件小熊圖案的上衣，第一眼最震撼的部分，就是他左眼內側一道十分顯著的傷痕，這究竟是怎麼造成的？右邊眉頭、臉頰嘴唇旁，也都是大片的瘀青；從衣服沒遮住的頸部跟手臂，也都隱約能看見瘀青，這孩子生前究竟遭到甚麼樣的虐待。

知名法醫裴起林馬上安排了相驗，除了照片上的明顯傷勢外，也有顱內出血的跡象，全身多處瘀血腫脹，幾乎都是條狀的傷勢。更可怕的是，肺下葉有出血性血腫，肝臟大量出血，合併上腔靜脈大出血，**胰臟破裂大出血**。裴起林研判，應該是遭毆打後兩到三個小時內死亡，他做出的報告中表示，脾臟跟肝臟很脆弱，容易破裂出血，但胰臟並不是那麼容易破裂的，可見此案下手力道之猛。

「死者他身上有多處的瘀傷，我們跟法醫師解剖初步的判斷，應該是外力毆打致死的。」檢察官李靜文在殯儀館外接受訪問，表情依舊冷靜。

案發後兩天，男童更多的生活照突然出現在電視新聞中，因為男童**生父**看到報導認出了自己的骨肉，連忙趕到殯儀館認屍，然而男童家庭著實有些出人意料地複雜。

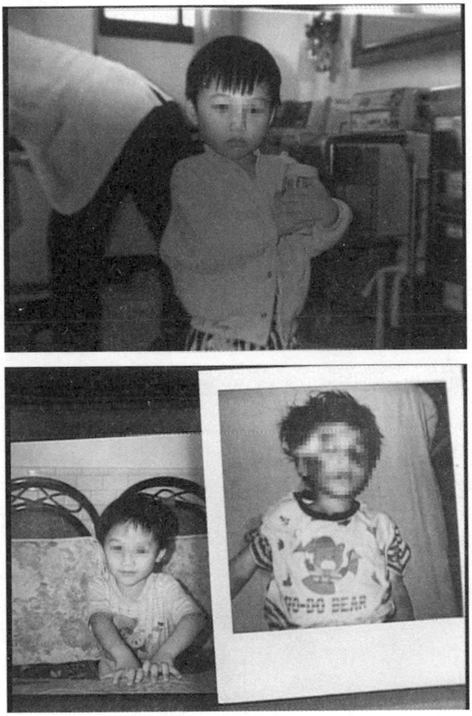

死者駱力菖。

Clues

3 複雜的生母

死者是年僅五歲的**駱力菖**，根據高雄市社會局的資料，他與兩歲的妹妹**駱庭宇**，都是社會局輔導的個案。因為他們的母親**駱明慧**，未婚生下三個孩子，生父叫**薛憲禧**。駱明慧與薛憲禧分手後，又與另一名男子同居，便陸續傳出受虐、營養不良的情況。然而檔案照片中的駱力菖，眉清目秀，緊閉的雙唇透露出堅毅，但會露出燦爛的笑容，像個小太陽般。而妹妹駱庭宇剛學會坐，穿著整套藍色卡通的休閒服，單手抓著番茄就往嘴裡塞，表情顯得相當滿足，非常可愛憐人。

「**我妹妹是不會（虐待小孩）啦，但是他那個同居人會。『怎麼虐待你看過嗎？』沒有，聽小孩子說，送到我那邊的時候身上都有瘀青，我妹妹她都騙我說是他自己跌倒。**」駱力菖的舅舅駱明智無奈地說道。

高雄市兒保專線接獲線報，當時強制安排妹妹到寄養家庭，哥哥駱力菖則在兒福中心接受治療，卻沒想到去年五月，生母駱明慧先趁著駱力菖在做遊戲治療的時候，社工員與寄養媽媽在講話的空檔，偷偷地把駱力菖抱走。而駱庭宇則疑似是母親的同居人，從社工員手上抱走，之後行蹤不明，社會局還因此告上法庭。駱明慧在庭上則表示要親自照顧小孩，而社工查訪後發現小孩狀況以及跟母親關係不錯，便同意讓駱明慧扶養他們。

但誰也沒想到，駱力菖竟然會慘遭毒手，還被冷血丟棄在路邊。兩歲的駱小妹會不會也有危險？成了全台新聞焦點，兒福中心透過親友尋遍駱明慧可能出沒的地方，檢警則透過其他方式找人，都完全沒有下文。案發五天後警方決定發布通緝令，將駱明慧及男友的照片公諸媒體。

「照片中抱著小孩的男人，就是警方懷疑凌虐駱力菖死亡的兇手，他的特徵是禿頭，年齡約三十七、八歲，身高一百六十五到一百六十八公分之間，有吃檳榔習慣，不過警方只知道，他的綽號叫阿勇，真正姓名還在追查。」各大新聞頭條都在細描通緝令上的照片資訊，諷刺的是阿勇懷裡抱著一名可愛女嬰，另一張照片則是駱明慧抱著紅色吊帶褲的女童，就是失蹤的駱庭宇。

更誇張的是，駱明慧此時懷有**八個月身孕**。

「我要家扶中心給我一個交代！『怎麼交代？』，依法追究！」一名外表粗曠不修邊幅的男子，在鏡頭前瞪大眼睛怒吼著，他是駱力菖的生父薛憲禧，當年他爭取孩子的監護權不成，如今卻是替自己孩子收屍，這口氣怎麼吞得下去，現在他只希望另外**兩個孩子**能夠平安回來。

「他還帶兩個小孩子一起逃亡，其中一個**駱立傑**，當然現在下落不明，還有一個駱庭宇，犯案以後他是帶駱庭宇一起走，我們比較擔心這兩個小孩子的安危。」時任苓雅警副分局長李憲偉，在案發第九天，無奈在鏡頭前呼籲民眾指認查緝專刊。唯一進度是已經確認阿勇本名，是名叫**劉朝坤**的通緝犯，曾涉及麻藥、妨害風化等罪名，已經逃亡了十多年。駱明慧母子等三人仍毫無消息，是否遭到挾持還是遇害了，沒人有把握。

幸運的是，這天下午有民眾在高雄縣林園鄉，發現了大腹便便的駱明慧以及駱庭宇，趕緊通知警方帶回偵辦。她卻堅稱二子駱立傑被劉朝坤帶走了，她也不清楚兩人下落。駱庭宇再次交由兒福中心緊急安置，而由於駱明慧即將生產，法院裁定讓薛憲禧交付保釋金帶走。

但誰也料想不到交保後的駱明慧，會再次幹下震驚社會的舉動。

查緝專刊

Clues

4 被利用的記者

駱明慧穿著藍色洋裝，上頭布滿白色的圓點，頭披著外套不想讓媒體拍攝，緩步走進了警局，所有記者目光都在她身上，以及她左顧右盼的眼神中，想極力隱瞞的祕密。但偵訊後她什麼都沒透露，只說自己也很擔心駱立傑，由於即將待產，偵訊後由薛憲禧協助二十萬交保就返家了。

刑事案件在警方手裡，一直都有個**偵查不公開**的原則，記者追蹤報導的同時，也會很有自覺地避開**影響偵辦**的資訊，但剩下的就是像狼緊盯著羊群般，任何小細節都不能錯過，因為警察避談就得自己想辦法挖真相，而最直接的方法，就是獲得當事人的專訪。但該如何獲取相關人的電話、地址或工作地點，就是記者各顯本事的時候。然而受訪對象有時會因為政治立場，或個人偏好選擇媒體，但最重要的還是誰能**第一個**接觸到受訪者，除了決定能否獲得獨家，更決定接下來幾天的採訪主軸。但就像前面提到的，獨家新聞如果處理得不好，反而引火上身。

「兒福中心害死我兒子，我今天要替我兒子申冤啦。」薛憲禧在交保後不久，單槍匹馬跑到高雄地檢署，按鈴控告兒福中心。但整起事情還沒釐清真相，兒福中心也難以究責，畢竟孩子當年被抱走，都已經走過行政程序解決過了，連當時知名人權律師蘇盈貴，也跳出來直言澄清，兒福中心沒有任何法律問題。而薛憲禧要的其實是駱庭宇的扶養監護權，引發輿論不少人同情，然而當時外界還並不清楚，薛憲禧並不是那麼適合扶養孩子，這部分容後再敘。

就在薛憲禧吶喊後三天，已經有媒體私下聯繫上了駱明慧，卻捅了大婁子，因為駱明慧居然棄保，**二度逃亡**！

「**台視新聞記者何日生，欺騙我的妹妹，帶她出去保證送她安全回來，有嗎？害我今天被關被問筆錄。**」駱明慧的大姊駱阿美，綁著馬尾在警局內不客氣地痛罵，而遭指控的記者何日生，也特別出面接受聯訪。記者採訪記者，當年可不常見。

「**打電話給我的是駱家大姐，我按照她的邀請，跟上級回報以後，南下高雄做這樣的採訪，駱家其實蠻希望我能夠，也許協助一下，除了採訪以外，能夠協助說服劉朝坤出面投案。**」何日生穿著正式西裝，字正腔圓地回答外界疑惑，與駱明慧大姊的指控，顯然有不小的落差。但究竟發生了什麼事情。

原來四月十八日駱明慧接受何日生的約訪，下午前往高雄一家釣蝦場碰面，重點是約到了關鍵嫌犯劉朝坤，如果順利完成這不但是轟動全台的獨家新聞，更可能協助警方逮捕劉朝坤，沒想到駱明慧卻是跟劉朝坤一同逃亡，再度失聯下落不明。

太奇怪了！駱明慧為何要跑？

「**駱明慧目前交保中，應該是沒有逃亡的必要，而且她懷有八個月的身孕，她為什麼要逃亡，我們也覺得非常不可思議。**」時任苓雅警副分局長李憲偉有多年辦案經驗，也十分不解這個舉動，難道遭劉朝坤用什麼威脅挾持嗎？可能性似乎又不大。

「**劉朝坤有打一通電話進來，有跟駱明慧聯絡到，那聯絡的內容大概是表示說，他有意出來投案，但是非常地擔憂他跟駱明慧生的這個孩子，是不是會沒有人照顧。**」檢察官李靜文向媒體道出初步調查的內容，而且交保後一段期間，駱明慧鳳山的家中，曾接到不少**無聲電話**，似乎就在等駱明慧拿起話筒。檢察官認為劉朝坤主導了這起逃亡，如果兩人再屢傳不到，將再度發布通緝令。

家屬則希望二十一日駱力菖的告別式，兩人能夠出現，至少來見孩子最後一面。大批媒體ＳＮＧ自然也守在公祭會場，但沒等到兩人現身，駱薛兩家人卻先互相指責對方害死小孩，並吵著要剩下兩個孩子的監護權，薛憲禧姊姊甚至被推倒在地，原本哀戚場面頓時變得

在派出所被媒體包圍的駱明慧。

落網接受偵訊的駱明慧。

火爆且相當尷尬。

「我妹妹跟你生三個孩子，為什麼沒名沒分，你再來責怪我弟弟，啊不對，責怪我妹妹，這樣對嗎。」駱明慧大姊駱阿美憤怒地指控。

「當初我跟駱明慧的承諾是怎樣，等到我們事業成功的時候，我們風風光光的結一個婚，孩子會幫我們裝金童玉女。」薛憲禧拚命解釋用詞卻不是很精準，他想說的應該是婚禮花童。

Clues

5

隱瞞的悲劇

告別式二十天後，警方在鳳山街頭再次逮捕了在路上遊蕩的駱明慧，她一身蓬頭垢面滿臉憔悴疲憊，還有一輛墨綠色轎車代步，車上還有毛毯跟電視機，顯然有人接應。只是仍不見駱立傑以及劉朝坤。

「那一天是劉朝坤跟我聯絡的，『他怎麼講？』他只有告訴我……去釣蝦場……有的時候他，就是等於是說情緒很不穩定啊，那……他有的時候都會覺得是說，那倒不如大家同歸於盡好了。」駱明慧欲言又止眼神飄移，很明顯沒有說出實話。她說這陣子都是躲在施工中的建築物裡，釣蝦場當天是臨時起意逃亡，只為了確認另一個孩子的安危。

「因為這些小孩子都是我的財產，都是我的所有。『可是已經有一個駱力莒已經……』，我就是因為失去了一個駱力莒，所以我才……才會要更積極地去……看到我的小孩子啊。」

駱明慧講得充滿母愛，表情卻是很冷靜，而且關鍵問題仍沒有回答，劉朝坤究竟在哪？由於她沒有坦承案情，加上拖到現在已經懷胎九個月，腿部水腫情況嚴重，駱明慧立刻遭聲押獲准，在看守所準備待產。

「她一直堅持說喔，駱立傑還在劉朝坤手上啦，但是我一直採取懷疑態度啦，她跟我說現在劉朝坤喔，他的朋友在她落網附近，他的朋友很多在那邊啦，她也是在那邊逗留而已啦，最後她一直強調說，希望我向檢察官給她聲請交保啦。」薛憲禧到看守所與駱明慧晤談了十分鐘，仍是沒有答案，不過他仍願意替她具保，只是駱明慧已經有過一次逃脫紀錄，想都別想。

而持續逃亡的劉朝坤在駱明慧入監三天後，於雲林虎尾被警方逮住，過程中為了逃逸甚至還衝撞警車，警方連開十多槍後他失控衝進田裡，才終於將他逮捕，結束四十一天的逃亡。

只是，車上沒有駱立傑。

「你夭壽！打死我兩個孫子！你夭壽！打死兩個孫子！你夭壽！」駱力菖姑姑憤怒揮著雙拳追打，劉朝坤結束偵訊被帶出警局，立刻遭氣憤的家屬圍毆，現場一片混亂，趁亂薛憲禧還從桌子上方跳下來「空襲」，撲倒劉朝坤跟身旁的員警。

「欸欸欸！帶走帶走！好了，拜託一下，你再動手我就辦你喔。」承辦警方趕緊把劉朝坤拉離人群，並指著暴走的家屬，希望用聲量控制他們的怒火。但畢竟家屬已經從警方得知消息。

駱立傑早在兩年前，同樣被劉朝坤活活打死。

「那個……不是故意的，『什麼原因？』因為他打他妹妹，『那駱明慧有沒有參與呢？』沒有。」劉朝坤像隻驚弓之鳥，在媒體大陣仗的圍堵下，說出駱立傑的死因。

「那天我們把他放在家裡，然後在家裡的時候，隔天早上我們回去的時候，他那個嘴巴全部都是那個泡沫。我都開電視給他們看，買東西給他們吃，所以我就直接出去了，結果早上的時候，我去載駱明慧回來，那個小孩子已經躺在那邊了。『後來你怎麼處理？』後來本來我們有……有要搶救，可是那個身體都已經硬了，沒有辦法救。『那為什麼不送醫院？為什麼要直接把他棄屍？既然不是你殺的。』因為那時候我在通緝。『棄屍在哪裡？』萬……萬大橋。」

劉朝坤說出不可思議的真相，駱立傑是**自己喝肥皂水死的**，接著被他用棉被裹著丟到橋下棄屍！但被問到如何證明這件事，他卻支支吾吾答不出來。檢察官拿這個訊息去質問駱明慧，她也說不出個所以然，只說駱立傑是遭劉朝坤毆打致死，兩人供詞還互相矛盾，難道還在隱瞞什麼嗎？檢察官李靜文說不能盡信一面之詞，將會盡快安排兩人對質。

「我本來有原諒她，但是那個女人，真的不能原諒啦！你知不知道！」薛憲禧在鏡頭前怒吼，還說恨不得將劉朝坤碎屍萬段，接著薛憲禧疑似被憤怒沖昏理智，居然在警局門口亮刀朝駱明慧哥哥駱明智揮砍，前胸後背各中一刀，幸好傷口不深，薛當場以現行犯逮捕。

「他就在分局前面，他就責怪我們，然後我們把他推開，他原本是對著我老婆啦，然後把他推開他就去，車子上面拿開山刀。」駱明智還原剛剛的驚悚過程，臉上沒有太多情緒。而薛憲禧則表示不滿駱家人，沒有善盡照顧他兩個兒子的責任，他要借題發揮判刑入獄，親自到獄中找劉朝坤報仇。

「**我死兩個兒子！『可是你曾經跟劉朝坤通過電話，是你同意劉朝坤把駱明慧帶走的嗎？』他帶走駱明慧的時候，曾打兩通電話恐嚇我，我跟他說有種出來，不要做縮頭烏龜！我不會報警，出來！我懂父愛精神，我會報仇！**」薛憲禧自責沒有盡到父親及丈夫的責任，造成家庭破碎還禍延兒子，說得痛哭流涕。

但此時外界並不怎麼同情薛憲禧，因為他不但已婚，育有一子，卻跟駱明慧外遇生了三個孩子。本身也有偽造文書毒品等前科坐過牢，經濟狀況也不好，更別說對駱力菖三兄妹有過任何照顧，甚至也曾吸毒打小孩，駱家人更直言駱明慧曾說要結束與薛的關係，家人們都支持她斬斷這段情。

「**『可是駱明慧說你常常打她，為什麼呢？』她責掉我所有財產啦！『什麼財產？包括孩**

子嗎？』不是，生產工具，房地產、汽車、貨車！『可是你們夫妻這樣的一個不和，禍延到兩個孩子。』沒有，我都原諒她！我只求兒子回來，平安就好了！」薛憲禧答話幾乎每一句都在怒吼，像是要用力反駁外界質疑。只是薛憲禧在媒體鏡頭前幾次大動作悲情訴求，甚至還捧著駱力菖遺照，帶著媒體到萬大橋祭拜哀悼，還說要成立受虐兒基金會等等，新聞報導的風向也漸漸有些改變。

「孩子是夫妻愛的結晶，薛憲禧對兒子的愛，給人的感覺是兒子遇害後，僅止於口頭表示。在駱明慧方面，明明已經知道孩子不在人世間了，卻還要作為掩飾大人犯罪的藉口，不禁令人感嘆，他們對孩子的認知究竟是什麼。」當天的新聞報導結尾如是說。

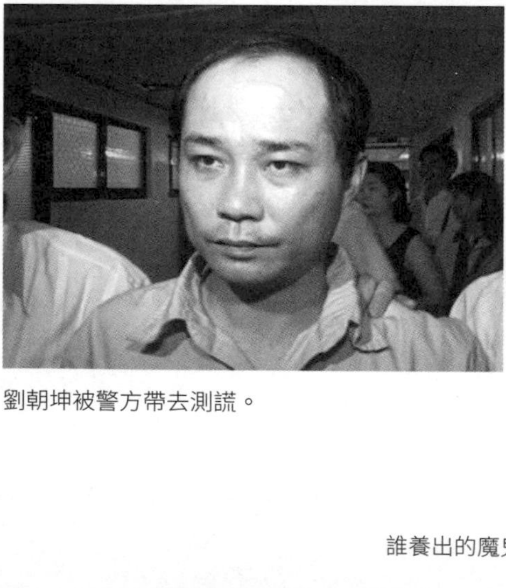

劉朝坤被警方帶去測謊。

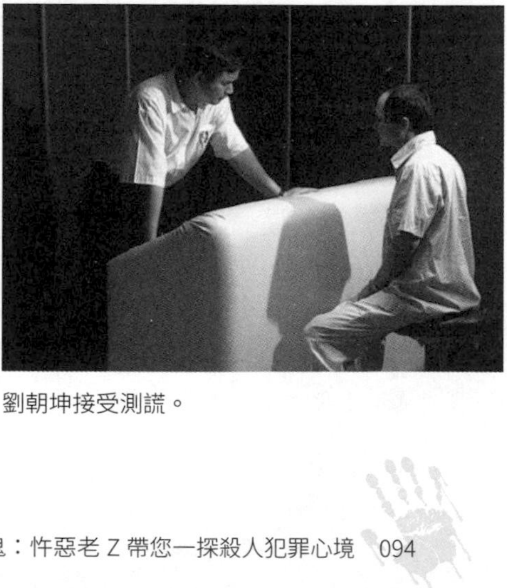

劉朝坤接受測謊。

Clues

6 雙屍的真相

生人會說謊，死者可不會，刑事偵辦最重要的證據就是死者屍體。透過法醫解剖相驗可以得出非常多的訊息，就連發現古代遺體的考古隊，都能透過分析遺體得到幾千年前的資訊。高雄檢警於是大動員到萬大橋打撈，但事發已經過了兩年，自然是什麼都找不到，只好從兩人說詞中的漏洞，去找出真相。

「我們曾經問過一些醫學上的專家，他是覺得這個似乎是不大可能，喝肥皂水就會致死。是不是中毒、藥物中毒，是不是淩虐致死。」檢察官李靜文解釋著他們的懷疑，一方面借提兩人出來釐清，除了承認兩人有共同在萬大橋棄屍外，其他毫無進展。

「因為我看的時候……我看的時候是嘴角有肥皂水。『有沒有施虐？』沒有沒有……我沒有打過他，那時候剛接回來。『剛接回來有沒有動過什麼手腳？』沒有沒有沒有！絕對沒有！『檢方懷疑是你凌虐致死的，你有沒有什麼說法。』絕對沒有！『你給他吃什麼藥啊？有沒有給他吃什麼藥？』沒有，絕對沒有！『可是駱明慧說你有打過駱立傑啊。』沒有！絕

對沒有！可以……可以用測謊。」劉朝坤被借提時遭媒體問了個遍，仍堅持否認施暴。

正當檢警一籌莫展的時候，一九九九年五月二十日，駱明慧在國軍高雄醫院，自然產下了一名重達三千公克的健康女嬰。消息傳到了劉朝坤耳裡，他似乎因為女兒的出世卸下了心防，突然向警方坦承所有犯行。

時間回到兩年前，駱明慧當時在KTV上班，日夜顛倒，孩子都是交給劉朝坤照顧，而他的照顧方式就是食物丟著，將門反鎖就出門了，直到隔天凌晨接了駱明慧下班後，兩人才會一同返家。小孩子每天自己玩樂，可想而知大人回家後家裡會多麼凌亂，劉朝坤又經常喝酒，動不動就藉此毆打孩子洩憤。民國八十七年（西元一九九八年）一月的某天晚上七點，當時兩歲四個月大的駱立傑，貪玩把冰箱的高麗菜撕成碎片，家裡滿地都是菜屑，劉朝坤怒而用力朝他揮兩巴掌，導致他重重頭部撞上牆壁，疑似造成腦震盪或顱內出血，駱立傑因此呆坐在地上，劉朝坤旋即出門。隔天凌晨六點跟駱明慧回家後，才發現他躺在浴室旁地上動也不動，身體僵硬冰冷，嘴角露出泡沫，明顯死亡，於是跟駱明慧討論後棄屍萬大橋下。

即使打死一個孩子，劉朝坤也沒有改變毆打孩子的惡習，駱明慧也沒有選擇離開，兩人依舊繼續生活在一起。

隔年一九九九年四月三日，劉朝坤酒後發現駱庭宇，因為跟哥哥搶輸玩具在哭，再度對哥哥飽以老拳，還拿塑膠水管朝駱力菖背部猛抽，在小朋友痛哭蹲下忍受挨打時，劉朝坤還用力朝他背部猛踹（此舉為裴起林法醫推測是胰臟破裂的主因），毒打長達十分鐘之久，導致全身上下多處嚴重傷害。一開始駱明慧有目睹此景，卻只認為是**日常教訓**，冷淡轉頭進廚房炒菜，煮完後出來發現情況不對才阻止劉朝坤施暴。午餐時間駱力菖說肚子痛吃不下飯，駱明慧只認為是普通傷勢，接著又把孩子反鎖在家出門。傍晚五點多兩人回來時，發現駱力菖倒在客廳奄奄一息，嘴唇發白，駱明慧趕緊將他抱起。

「**媽媽，我要蹲下……**」

駱力菖用盡力氣說完最後一句話，眼睛漸漸睜不開，雙手垂下接著昏迷不省人事。駱明慧著急想將孩子送醫，被劉朝坤以通緝中恐怕吃上刑事責任為由阻止，最後兩人將駱力菖丟棄在福東國小，被警衛發現而曝光。

二〇〇三年一月九日，一度被判死刑的劉朝坤，改判無期徒刑定讞；駱明慧則從十三年改判有期徒刑兩年，全案定讞。劉朝坤從網路資料指出，入獄幾年後因為受不了被人指指點點的壓力，在牢中沮喪而死。駱明慧出獄後還曾有媒體找上她，表示對兩個孩子的死亡很後悔，她只想平靜過生活，好好扶養跟劉朝坤生的女兒，當個**稱職的母親**。

那跟薛憲禧生的孩子，難道就不是**親生骨肉**？

Clues

7 第三受害者

案發後隔年三月，薛憲禧再度登上社會新聞版面，因為他居然在一次探視中，把駱庭宇從兒扶中心抱走，警方大動作四處找人，最後在澄清湖的一間麥當勞找到了他們。

「**我不能看到我的女兒啊！『那你帶她一起逃亡，有很大的危險性你知道嗎？』對啊！總比是說我死的時候，我沒有辦法抱著我女兒啊。孩子是我生的啊！『監護權在兒福中心那邊。』但是事實上她是我的女兒啊，DNA也驗過了啊！孩子就我的，我不能看孩子是不是啦！**」薛憲禧講話依舊激動，但實際上他並沒有法律監護權，此次新聞也是鬧得沸沸揚揚。

當年案件回顧差不多告一段落，故事回到長大的駱庭宇身上，由於之後就沒有相關的薛家報導，我最好奇的是家人對她的態度如何，預期一般被害家屬，都會極力隱瞞不幸的故事，讓孩子穩穩成長，但薛家人似乎並不特別忌諱。

「**姑姑都沒有隱瞞欸！都直接告訴我當年發生什麼事，不斷地說當年的事情給我聽。**」

電話另一端爽朗地笑聲，讓我直接感受到駱庭宇溫暖開朗的人格特質，以下就是她告訴我，關於她長大成人的人生故事。

「我知道大家對於爸爸的評價不是很好。」駱庭宇對於父親的印象很模糊，但她記得住過兩次寄養家庭，薛憲禧都會來探視她，都會買她愛吃的麥當勞跟餅乾等等。有一次帶她出去（可能是新聞報導搶走孩子的那次），她因為搭計程車暈車，吐得前座整車都是，接著爸爸向路邊檳榔攤買檳榔的時候，檳榔西施看到車內一堆嘔吐物，直接露出嫌棄的表情，但薛憲禧有替她緩頰，**「只是小朋友吐而已，不要在意。」**雖然是小小舉動，卻讓妹妹留下很溫暖的記憶。

後來透過親子鑑定，法院終於將監護權判給了薛憲禧，駱庭宇隨即改名換姓，搬到大寮跟爸爸奶奶一起生活。但二〇〇一年某天，她看到爸爸拿**針頭**往自己的手臂扎，她當時還小不曉得那是什麼舉動，但後來就看到爸爸趴在梳妝台上動也不動，其他大人來了才發現不對，趕緊將他抬下樓送醫，但仍然宣告不治。駱庭宇長大後才明白，原來那是注毒過量死亡。

父親去世後，監護權就到了奶奶身上，而奶奶年事已高，兩三年後也接著過世。小小庭宇誰該接手，當時家族開了會議討論，有人建議應該送去孤兒院，但大姑姑力排眾議說交給她收養。駱庭宇還記得因此去了家事法院一趟，書記官還問了她「妳知道為什麼要來這裡嗎？妳願意跟他們一家人生活嗎？」她印象深刻，並回答了**我願意**。

「**大姑姑人很好，有三個小孩，雖然歲數跟我差很多，但大家都很願意照顧我。**」駱庭宇回憶這一段家庭記憶，充滿感恩。但她說大姑丈並不喜歡爸爸，因為當年薛憲禧犯的偽造文書罪，是因為開公司拿不出錢，竟然拿了大姑丈的印章去開支票，害他也上了法院一趟。但當年薛憲禧是因為毒品還是因為這件事入獄，駱庭宇說她也不確定。

她還記得二哥駱立傑跟小姑姑很好，有一次小姑姑說被二哥託夢，說他沒有地方去還在外面遊蕩，希望小姑姑能不能幫幫他，進入薛家的祖宗牌位。由於二哥一直沒有找到遺體，家族為此還開了一次會議，原本因為年紀太小的死者，是不能列入牌位名單裡，但大家最後都同意，讓他以及大哥駱力菖，都列進祖宗牌位名單裡，駱庭宇後來去祭拜，都會跟兩個哥哥說說話。

「**後來我一路念到了高中，姑姑希望我去學醫比較有前途，但我沒有興趣索性就沒有升學了。**」於是她選擇提早出社會到服務業工作，後來因緣際會以為安親班有個櫃台職務，面試時對方說有缺老師要不要試試看，於是她就成了安親班的老師。接著姑姑跟姑丈接連因病去世，知道當年事情的大人都不在了，也沒有跟媽媽駱明慧接觸過，只聽說有另組家庭。

採訪中她透露決定步上人生的重要階段，準備要跟相戀的男友步上紅毯，突然想再弄清楚過去那一段模糊的人生，雖曾意外看到電視節目《法眼黑與白》播放過這件事，當時只發現姑姑跟爸爸都在電視上，後來才驚覺這案件，她就是那個小女嬰。而上網查到了判決書，才知道當時二哥會被打死，是因為她跟哥哥搶玩具的關係，感到相當地自責。「**庭宇我要認真地跟妳講，這不是妳的錯，錯的是動手的那個人。**」我以沉穩堅定的語氣安慰她。

「**我現在覺得自己很樂觀，也很感性，雖然心裡多少有些陰影，夜深人靜的時候，偶爾會胡思亂想，面對安親班的孩子，有時也會語重心長地說，希望他們要能體諒做父母的辛苦，但孩子好像聽不懂，哈哈！**」駱庭宇恢復了她爽朗的笑聲。

在採訪結束後，我希望在節目的最後，放上她關於這個案子的相關感想，她沉澱幾天後給了我這封信：

「常言道：好奇心會殺死一隻貓，
有些事情不追究個明白，只能從冰冷的法律判決書，
找個自我以為的錯處，讓自己無止盡的下墜。
很常自己心中莫名的跑出個聲音：為什麼我沒有媽媽？
為什麼我沒有家？為什麼是我？
他們從小告訴我，模稜兩可的情節，似是小說般，

卻又無處不帶著距離感，
因緣際會下，我來到了這個頻道，很感謝能夠協助我，
還原當時的案情片段。也許結果不盡人意，
但是在這過程中許多家人的溫暖卻蜂擁而至。
『沒人會跟妳提起這件事，是希望妳好好的當自己。』
這句話是真實家人傳給我的，當時我也深受感動，
原來大家都在盡全力保護我，一切都是我的作繭自縛，
原來力量就是這樣油然而生。
現在的我是一名教師，也有論及婚嫁的未婚夫，
更有疼惜著我的婆家，感謝生命為我如此緣意盎然。
取之於社會，幫助我在成長之路衣食無憂，
綿薄之力無法回饋太多，
期許自己在教育下一代的路上，
告訴他們，世界有多美好。
再次感謝中天電視台與老Z，

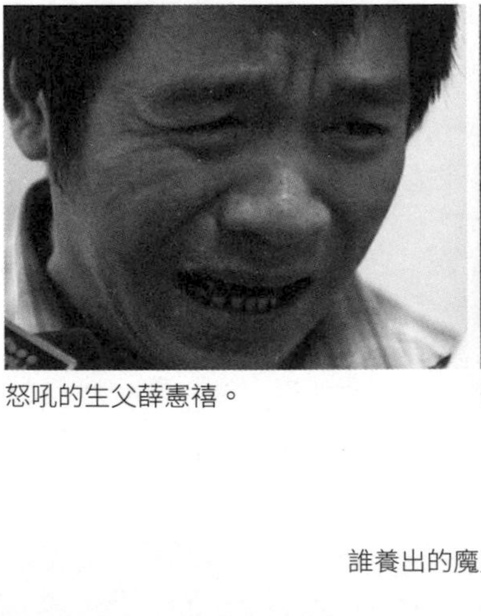
怒吼的生父薛憲禧。

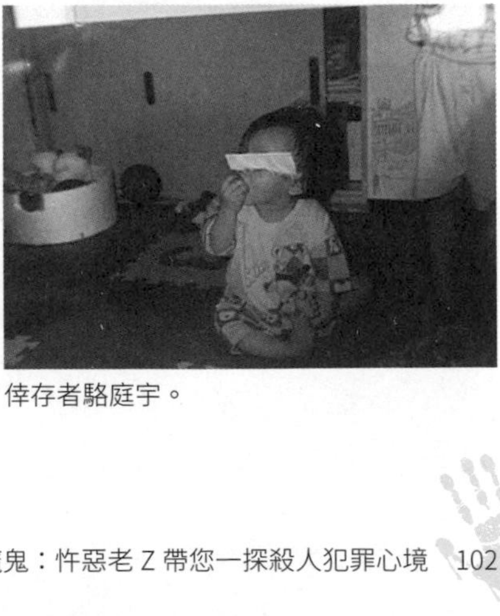
倖存者駱庭宇。

也許很多人看見案件的兇殘，
但是我們更加應該去思考，
如何溫柔推翻世界，如何好好保護家人。
伴隨我十二萬分的謝意。」

後記

製作《老Z調查線》已經突破三百集的里程碑，通常每一集影片的底下留言，都是網友群起怒罵恐龍法官，或是要將兇手就地正法等憤怒言論，偶爾甚至還會出現檢討受害人的發言。不過這一集影片講的雖然是家庭慘劇，底下將近一千條留言，幾乎都是被駱庭宇的積極樂觀，給感動到的網友留下大量祝福。還一度攻上YT發燒影片#29（即便YT後來突然賞了我們一個黃標），但我仍常常收到觀眾回覆，受到駱庭宇正面影響的善意留言。連她本人看完都驚呼：

「底下的留言充滿善意，這隻影片真的是最溫暖的一部片了。」

然而駱力菖駱立傑的悲劇，誰才是真正的禍因？是射後不理的吸毒生父？還是只生不育的冷漠生母？動手的劉朝坤當然是罪魁禍首，加上當年對兒權觀念不夠進步的時代，恐怕同樣也是成因之一。

我個人認為每一個不幸家庭，恐怕不是來自誰誰多壞，而是這個家庭裡的主要成員，有沒有人**不放棄變好**。只要有一個人堅持下去，不論多壞遭遇最後都能化為養分，轉化成振奮人心的故事。就像一開始跟駱庭宇接觸時我就明確表示：

「**我希望因為有妳，讓整個悲慘故事有一個Happy Ending。**」

感謝庭宇，也祝妳找到幸福的人生。

＊故事收錄在《老Z調查線269》——老Z獨家

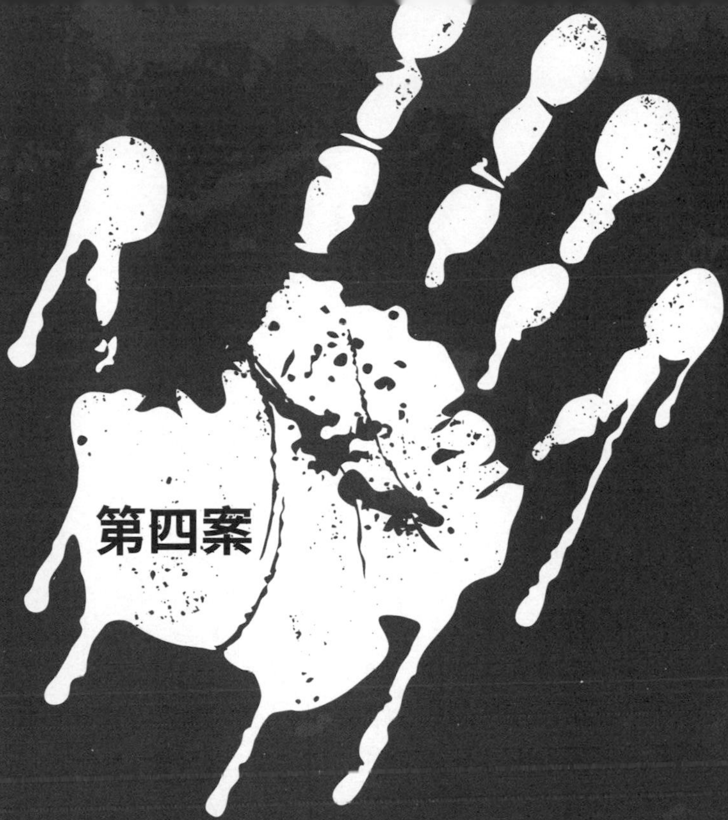

第四案

嘉藥情殺案——

鬼迷心竅的殺人學長

在LINE這個社交軟體問世之前，社會記者絕大部分的**線索**（我們也喜歡稱線索，指的是**新聞線索**）幾乎都是來自警方，另一部分來自消防局，少部分來自民眾投訴或是民意代表提供。畢竟有新聞價值的事件，大部分都是來自於人為，所以警消單位自然成了社會記者經常「光顧」的地方，我們就稱之為跑線或run線，實質上就是經營警消方面的人脈，才可能有第一手消息跟獨家新聞。

社會刑案會受到社會矚目，除了案件本身大小外，新聞記者的深入挖掘也是關鍵之一，像是前面提過的清大博士生命案，就是從一件車禍變成全國關注的案件。再來就是刑警辦案中的努力跟巧合，在重重偵辦的泥沼中，突然冒出破案曙光，迎來刑案真相。通常我們會稱這類關鍵的警員或刑警，鷹眼或好鼻師這類暗喻他們對案件的獨到判斷，以及對緝凶的努力不捨，台灣警察其實非常拚，大小刑案的破案率真的非常高，許多國外刑警組織都會來台考察，就是最好的獎章。

而這次的案件，也是來自警消的臨場果斷反應跟優秀談判技巧。

Clues

1 火場的外地人

二〇一五年三月九日下午三點十二分，高雄鼓山消防分隊接獲一位民眾通報，他在山區散步行走時，發現在壽山法興禪寺外有雜草焚燒的情形，擔憂後續火勢延燒成災，希望消防隊能否來看一下。而通常雜草火警消防員也不會太輕忽，因為若沒有掌握好火星的散布，恐怕演變成火燒山的程度，即便無人受傷也會影響到附近環境生態，星星之火可以燎原，對消防員來說可不只是一句俗諺而已。

獲報九分鐘之後消防員很快抵達現場，火勢的確不大，在一處羽球場的下方有一些殘火，研判拉條水線就能撲滅的程度，但就在消防隊員走下坡地，要進一步觀察火場的時候，詭異的事情卻發生了。

「啊！你在這裡做什麼？」一名消防員脫口而問，因為一名體格壯碩的年輕人，穿著灰色毛衣帽T，就站在冒煙的草叢旁，回答的眼神有些飄移。「看到有火過來……」年輕人小聲地回答，下一秒另一名消防員大叫。

「那邊有個人欸！」他手指向年輕人腳邊不遠處，幾公尺旁一棵樹木底下雜草堆，露出一雙慘白的大腿，所有人目光頓時往遠方聚焦，似乎有點不太對勁。

「下面那邊，沒有那應該是……那……那個是什麼？那是假人吧？看一下，那什麼啊？假人嗎？不太像欸……」三四個先走下來的消防員，發現一堆樹葉底下，露出了雙手跟腰部以下的部位，七嘴八舌地討論，一邊扶著樹木往下走，因為坡度十分地陡，在底下那個年輕人也是找個角度，雙腳一上一下的拄著，是一個不平衡就會滾下山的那種陡坡。但他只是擦著汗，沒太大反應，不知道是因為火煙太熱，還是爬山太累，因為目視絕對破一百公斤的體格，在這爬上爬下的確不容易。

「是你發現的嗎？」面對消防員的詢問，年輕人低著頭不發一語。

「鼓山一一鼓山一一，請問是否有看到那個報案人在指引啊，好，我們已經抵達現場啦，麻煩你把車子開到那個……法興禪寺正門口這邊來。」消防員拿起無線電熟練地回報勤指中心，並請水車駛進火場位置，要準備拉水線滅火了，但眼前**這具人體**，讓消防員們實在很疑惑。

「這充氣娃娃是不是？有點像欸！剛剛來就有了，為什麼充氣娃娃會燒成這個樣子呢？太像了吧！不像欸……不像欸，那個是人喔，不像欸！像真的欸！」連經驗老到的消防員們也面面相覷，無法分辨眼前這具慘白的人體。是假人還是真人，比起旁邊小小的雜草火勢，如果這真的是具屍體，顯然更為重要。

「你自己看那個，塑膠的會燒成這樣子嗎？但是沒有味道很奇怪，還有血跡，那個皮膚看起來那麼像人。」帶頭的小隊長陳醒華，緩緩說出他的分析，火場中見到屍體不算罕見，通常不是被濃煙燻死的住戶，就是被嗆昏後遭到火舌灼燒，就是新聞常報導的焦屍，味道通常非常地難聞。

但這裡是山上開放空間，火勢又不大，被濃煙嗆昏的機率太低，小隊長的幾句分析，精簡地表明「這是屍體」的機率居高。但不管是什麼東西，他決定滅完火再來研究，陳醒華熟練地指揮隊伍拉水線射水，同一時間轄區新濱派出所的員警陳文和，也趕到現場查看。

詭異的是，剛剛那名年輕人不斷地在現場晃來晃去，消防員勸他煙很大先離開，他仍留在現場。小隊長陳醒華此時警覺到了些許異樣。

火警現場陡坡，一名身材魁梧的男子，已經站在火場旁觀看 眼神飄忽。

黃仲佑禁不起員警陳文和（右）及消防小隊長陳醒華（左）的質疑，黯然坦承縱火。

Clues

2 徘徊的大學生

根據一些國內外的研究資料，以及採訪相關消防專家及犯罪學專家的經驗，縱火犯是具有**特殊犯罪行為**的一種類型。一般嫌犯在犯案後通常都會逃之夭夭，細膩一點的會把現場整理或加工，消除跟自身有關的跡證或是誤導警方偵辦方向，但最終就是要在安全時間內逃離現場。但縱火犯不同，他們會回到現場**欣賞**，這跟犯案動機以及心理狀態有關，他們會想看到原本他們所憎恨的東西**被毀滅的過程**，藉此獲得心理滿足。所以國內外許多重大的縱火犯，有部分都是在現場以現行犯逮捕的。

「請問我可以離開了嗎？」年輕人似乎也察覺不對，向小隊長陳醒華問道，但這名年輕人會是縱火犯嗎？陳醒華提醒自己不能輕易讓他離開。「不好意思，再請你等一下，我有一些問題要請教你，請問這火是不是你放的？你來這裡做什麼？」年輕人很快地搖頭否認，說自己是來旅遊的，因為跟謝姓女友發生爭吵不愉快，所以就騎車來這裡散散心。

年輕人名叫**黃仲佑**，是嘉南藥理科技大學生物科技系二年級學生，體重約一百五十五公斤已經二十五歲。他跨縣市騎那麼遠來高雄散心，沒有走正常步道，反而進入這接近荒廢的羽球場旁散步，非常不合邏輯。員警陳文和見狀也加入問話，縱火犯的犯罪心理他當然也清楚，卻在問話沒多久，黃仲佑雙手插著的口袋，可能因為緊張抽出手，掉出了一只**打火機**。

「你有抽菸的習慣嗎？」陳文和打蛇隨棍上，主要探詢他持有打火機的理由，黃仲佑也沒多加掩飾，直接回答他不抽菸。「那你打火機為什麼帶在身上？要幹什麼用的？是不是你用這個打火機點火的？」黃仲佑低著頭，沉默不語，挨不住陳文和的連番逼問，黃仲佑最後癱坐在一塊大石頭上，坦承火就是他放的。

「我現在要逮捕你，因為這涉及公共危險。」就在陳文和將嫌犯上銬的同時，底下其他的打火弟兄，靠過來跟陳文和表示，樹林裡他們發現的異狀。

「水不要停下來喔！派出所有沒有看到，下面有一個類似人的東西，有一個人疑似是人燒焦，學長你先下來看一下好嗎？」年輕消防員一邊拉著水線，從羽球場的欄杆邊，將水往下噴射，一邊指引陳文和那具**人體**的位置。他扶著樹木小心走下去，仔細輕輕撥開覆蓋在臉部上的泥土跟樹葉，確認這是一具女性屍體，內褲還被褪到的膝蓋位置，陳文和心中一驚，連忙電話通知鑑識小組跟偵查隊上山支援，一名年輕女孩疑似遭到**性侵殺害**，這裡顯然就是棄屍滅證的現場，幸好火勢還沒有波及到屍體，確認死者身分應該不是難事。

雜草縱火案升級成重大命案，偵查隊跟鑑識小組一抵達後，立即搜查黃仲佑騎來的機車，發現車上有一個女性的手提袋，一雙綠色的鞋子，米妮圖樣的皮包，裡面有一個女生的身分證件，原來死者同樣是來自嘉南藥理科技大學，叫**笠仲寧**十九歲，幼保系二年級學生。

「這個是你的女朋友嗎？」黃仲佑點點頭說是，絲毫沒察覺自己前後矛盾，因為剛剛才跟警方說女友姓謝，死者卻是姓竺，難道還隱瞞著些什麼嗎？陳文和繼續搜查機車，發現了一瓶妙管家，不是透明噴霧罐的那種，而是圓筒狀偏向農藥罐外觀的類型。

「這瓶是誰的？你買這個要幹嘛？」黃仲佑唯唯諾諾地說，是因為廁所壞掉。

「廁所壞掉是不是，你現在講的話都會成為呈堂證供喔。」其實員警已經合理懷疑，這一罐中裝的應該是汽油，因為若沒有助燃劑的話，打火機不太可能釀成如此火勢。眼見黃仲佑似乎還不想坦承，陳文和改用諄諄善誘的方式勸導。

「大家好好講，我也不要為難你，你就照事實說，男孩子我們不會冤枉你，但你就一五一十照實際說這樣就好，好嗎？」

「好……」黃仲佑點了點頭，表示願意配合。

「你是什麼原因要把她勒死？『她……她劈腿……』」

「你就跟她協議分手不爽，是不是？『嗯。』」

「是今天早上協議的？『嗯。』談判不成？『嗯。』你就當場勒斃？『嗯』。」

「那這樣就有可能，難怪沒有味道，以前我們在火場遇到**那種東西**的時候，都有燒焦的味道。」陳醒華突然恍然大悟般，解答了剛剛發現屍體卻沒有味道的疑惑。

「你是怎麼把她用死？用手？」陳文和接著問。

「掐……掐的！」黃仲佑坐在石頭上，低著頭。

「掐他脖子喔？『嗯。』」

「你燒的時候還把她的內褲都扯掉喔？」黃仲佑抬起頭，睜人眼睛否認。

「不然怎麼內褲怎麼會掉到膝蓋來，『沒有。』」

「什麼原因啊？你為什麼要把她勒斃，你總是有一個原因吧。」

黃仲佑面對陳文和跟陳醒華連番問話，惜字如金，都只回答一兩個字。不過已經確認是他殺人並縱火毀屍，就只差犯罪過程跟動機。

「你的第一現場在哪裡？『家裡。』你的家裡？」

「那你什麼時候用火把她燒的？『剛剛。』在這裡嗎？『嗯。』。」

「那你放火用什麼放的？『汽油。』。哪邊的汽油，瓶子呢？『車上。』。」員警打開剛剛那瓶妙管家，果然裡面裝的是汽油。回答完連珠炮的提問後，黃仲佑似乎也不太想講了，目光呆滯望向地面，不再對警方提問有反應，只好先帶回分局再慢慢偵訊，此時**嘉南藥大情殺案**的消息，已經傳遍各大媒體。

「我對不起我的家人，我也很對不起她的家人，對不起，我很喜歡她，『那怎麼會把她勒斃？』我一時衝動。」被帶回警局的黃仲佑，已經被警方套上安全帽跟口罩，面對眾多媒體追問，很乾脆地說出以上的話。但此時其實沒人發現，他手上銬的不是手銬，而是**腳鐐**。

「他很冷靜，看不出有什麼異樣，我現在聽到這樣會怕。」記者問到黃仲佑買汽油的加油站員工，警方同時也公布，他犯案的相關監視器影像。居然只是將屍體裝進垃圾袋，再放入紙箱，搬到摩托車的前踏板上，由於**屍箱**體積不小，黃仲佑還得把雙腳騰空，一路風塵僕僕從嘉義往南騎到高雄，騎了一個半小時，共約四十五公里的路程。

客觀的棄屍影像，加上現場以現行犯逮捕時，黃仲佑雖支支吾吾也算坦白，只是面對員警問話，也一直堅持小竺是她的女友，卻說不明白兩人究竟發生什麼樣的問題。直到警方找來小竺的家人，以及他的**乾哥哥**才弄清楚，原來黃仲佑一直在撒謊。

「她……很好的女孩啊，她說她很喜歡小孩，很喜歡baby。我去找我女朋友就看到他，我一看就覺得他是個壞人。那個黃姓嫌犯，反正就在講謊話。對！因為我跟她離開前有跟

她抱抱親親，在他的面前，這樣子一看就是和好，沒分手啊！不曉得為什麼，他硬要說我們分手。」小笠的正牌男友，接受媒體電話訪問，說出了三月八日當天見到女友最後一面的情形。

「**過年有回來，那時候看起來都好好的，OK啊！都很OK啊！基隆的這個男朋友，其實是我覺得是滿不錯的小孩。**」小笠的爸爸也認識這個男友，幾句話中透露出，頗有認同女兒選擇的味道。

不過小笠談的是遠距離戀愛，男友遠在基隆，而她在嘉義讀書，聚少離多。經常因為感情上磨擦有爭執，而轉換心情最常的方式，就是找黃仲佑傾訴。而黃仲佑原本就是開心果，很懂得讓小笠破涕為笑，但誰也沒想到這樣的**照顧**，讓黃仲佑對小笠產生了傾慕之心，結果竟然也成了殺人的動機。

Clues

4 魔化的學長

黃仲佑臉書上，放著許多陽光開朗的照片，不是跟玩偶合照，就是跟朋友出遊踏青吃美食，高中時還是管弦樂社的成員，負責吹低音號。爸爸還在苗栗擔任資深刑警，是一家的經濟支柱。臉書上最後一篇PO文，是案發前一個月寫的：

「**人生只有一次，不能砍掉重練；時間只去不回，不做等著後悔。**」

「還好吧！乖乖的、滿乖的、滿有禮貌的都會跟人家打招呼。」黃仲佑的老家鄰居，回憶與他互動的情形，還露出不可思議的表情。

「在功課表現上是一個非常成熟的人，就是他不會不顧課業地亂玩，他其實算滿成熟穩重的。」黃仲佑的大學同學說著。

雖然所有人對黃仲佑的印象都很好，但其實這是他念的第二所大學，所以才會二十五歲還停在大二階段。念第一所大學時他沉迷網路遊戲，把錢都花光了因此休學兩年多。服完兵役後，才又考上嘉南藥理科技大學。

而死者小竺是家裡的老么，由於父母離異關係，比其他同齡孩子早熟，但個性和善熱心喜歡照顧人，大學從基隆遠赴嘉義求學，因為喜歡跟小朋友互動，大學第一志願就是填幼保系，社團加入熱音社也相當活躍。與男友剛交往兩個多月，經常在臉書曬恩愛，二月男友生日更是高調放閃，沒想到慶生後隔一個月，就被這個學長給殺害。但令人驚訝的是，似乎沒有太多人知道，她跟黃仲佑的**特殊交情**。

「傷心欲絕！她媽媽就一直講說，不要再對我女兒二度傷害，他們完全彼此都不認識，完全不認識，所以大家都很錯愕。」學校教官這樣表示，同時間得知小竺遇害的消息，系上的好友同學們，含著淚默默為她寫卡片、摺紙鶴，點蠟燭，就希望她能一路好走。

「她是個很美的天使，我知道她很喜歡娃娃。」

「繼續（哽咽）……能夠……繼續有緣當個同學。」

「祝她一路好走。」眾多女同學一把鼻涕一把眼淚，向記者訴說有多麼地不捨。然而究竟兩個不同系的男女，是怎麼搭上線的？原來是去年十月一次買東西的過程中，黃仲佑主動搭訕而認識，後來因為兩個人都喜歡玩夾娃娃機，因而熟識變成黃仲佑口中，所謂的**哥們**。

「『事發後怎麼還會想要留在那裡？』因為我想自首。」

「我很對不起，對不起她啊！對不起她的家人，還有對不起我的父母。『對不起以外你

後不後悔？』後悔！」黃仲佑被警方帶回現場模擬，以及返回地檢署時，不斷重申自己很抱歉，但實際上他的犯罪手法，讓小竺親友相當痛心。

法醫相驗小竺屍體後，確認死因是遭徒手壓迫頸動脈及呼吸道，腦部缺氧窒息死亡。而死者有遭到性侵的跡象，但究竟是先姦後殺還是先殺後姦，黃仲佑卻說不清楚。不過有警方私下透露，黃仲佑不斷在詢問，性侵殺人跟殺人後污辱屍體，哪一個罪刑比較輕，最後似乎斟酌了罪責，才承認殺人辱屍的版本。

而他法庭上還爆料了一件不可思議的事，讓整起情殺案，走向相當複雜的男女關係上。

Clues

5 慾望的套房

時間回到三月五日案發前三天，小竺因為又跟男友吵架，黃仲佑便不斷約她出遊散心，三月六日找了另一名蔡同學一起逛夜市；接著三月七日陪她跟男友談判後，再找一名乾哥哥騎車出遊去台南，而這個乾哥哥其實是黃的陳姓室友，一開始並不認識小竺。眾人玩了一天後感情變得不錯，黃仲佑便開口提議，不如一起在他住處過夜，沒想到小竺竟一口答應說好，讓黃仲佑心裡非常高興，小竺還一連住了兩天。

但沒想到連三天出遊，小竺都比較親近蔡男跟陳男，陳姓室友發現這點，透露給黃仲佑說是學妹嫌棄他太胖，黃仲佑因此情緒相當低落。沒想到三月八日這天凌晨兩點多，他睡到一半突然聽到學妹的嬌喘聲，驚覺是陳姓室友在與小竺愛撫，甚至還發生了性行為，讓他幾乎瀕臨崩潰，卻仍然假裝睡覺當作沒這回事。

隔天陳姓室友搭車回台中，小竺仍然住在黃仲佑這裡，還在房間一起打開YouTube唱歌唱到快清晨四點，被隔壁室友敲門制止才就寢。時間來到清晨五點半，他覺得今天兩人進展不錯，終於按捺不住，將手伸進了學妹的衣服跟褲子裡撫摸，希望也能與她發生性關係。但遭到學妹的強力拒絕，並氣得一早就要離開，揚言要將此事告訴男朋友。

「**別人可以，我為什麼不可以！？**」黃仲佑惱羞成怒，說出早就得知她與陳男做的**好事**，接著他失去理智，突然伸出粗壯右手掐住學妹頸部，小竺來不及反應被推倒撞上床鋪，接著黃仲佑跪在床上，換左手掐住對方，右手按住學妹身體不讓她起身。兩人的體重力氣差異實在過於懸殊，黃仲佑眼見小竺勉強還能用口鼻呼吸，居然再伸出右手摀住她的口鼻，最後因為缺氧窒息，臉色發紺[1]，瀕臨死亡。

黃仲佑色慾難耐，數度摸了小竺的人中跟胸部，確認沒有呼吸跟心跳了，隨即脫光她的衣服，抱到地板上開始侵犯的惡行。可怕的是他很清楚，在他眼前的是一具屍體，仍然大逞獸慾，甚至用手機近距離拍下完事的下體裸照。諷刺的是，這張照片成了法醫判斷的關鍵證據之一。

「**拍照的原因是覺得有征服、占有的感覺，因為性交之後才會產生一般男性的成就感、征服感，所以是在性交之後才拍下那張照片。**」判決書中解釋他拍下裸照的理由，而法醫相驗相關傷勢後認為，「**遭性侵時可能尚有心跳，可能是生前或瀕死狀態下遭侵犯。**」

接著黃仲佑想著如何滅證，上網查詢了一下居然決定採取**清大王水溶屍案**的手法，打算讓小笠屍骨無存。但買完硝酸和鹽酸回來後，發現味道太過於刺鼻而放棄，最後決定將學妹的遺體，載往他念第一所大學熟悉的高雄鼓山區，尋覓偏僻地點縱火滅證。

只是他潑油放完火後不放心，回頭察看發現果真沒燒盡，決定改以泥土跟樹葉蓋屍，就在此時鼓山消防分隊抵達，即時逮捕了這狠心的色狼學長。

「**曾經購買鹽酸、硝酸等物，予以製造王水毀壞屍體，對於身體，對於生命，缺乏基本的尊重，認定被告有與社會永久隔離的必要，向法院具體求處死刑。**」高雄地檢署召開記者會，宣布對黃仲佑以強制性交殺人跟污辱屍體罪起訴。

只不過案件審理後，高雄地院法官認為黃仲佑，只是一時情緒激動，沒有反社會人格且願意與被害家屬和解加上學校師生對他的觀感是「很善良、但膽子較小」，在班上的人緣尚佳，只因不滿被嫌胖，只被當作出遊利用，由愛生恨而殺人，判處無期徒刑。二〇一七年一月二十五日最高院駁回上訴，黃仲佑無期徒刑確定，三審定讞。

---

1 發紺是指身體缺少氧氣，血液在含氧量較少時變得較為暗紅，暗紅色的血液在流經表淺血管時會造成皮膚或黏膜發青發紫，這種情況最常發現於肢端及嘴唇。

嘉南藥大情殺案在調查線播出後一兩年，可能是YT推薦影片的關係，某次在一場深夜的直播中，一名自稱是黃仲佑的老師「比比」，特別跑來聊天室發言。強調黃仲佑真的不是一個壞孩子。

後記

感情糾紛一直是在社會上，不斷反覆發生的事件，站在上帝的視角來看，就像在人類社會的慘痛輪迴，我們只能從其他人的戀愛體驗中，去理解自己該有的感情態度，卻讓很大一部分人迷失在感情裡。現在年輕人會使用**工具人**一詞，來形容像黃仲佑這般，為愛付出卻得不到回報，甚至從不被情人看在眼裡的邊緣角色。在一些情感糾紛中，甚至使用**工具人的反擊**，描述被壓榨角色的情感壓力爆發時的不理智行為。

然而跑過許多感情糾紛的新聞，我觀察到最大的衝突點，都是在於占有作祟，說白了男女之間很難有無私付出這種事，大多都是自私地付出，而認為對方應該為這樣的付出，給予正面回應。而這樣錯誤觀念不分男女老幼，都可能會釀成恐怖的情殺案。小至十六、七歲的青少年，為了侵犯暗戀對象動手殺人（十信工商高職女性殺案），老至近八十歲的已婚老人，懷疑情婦出軌而剁下她的五官沖入馬桶（彰化包租公剁情婦五官案）。從社會記者的角度來觀察，感情中最不該有的，就是將對方物化當作**自己占有的**錯誤認知。

尊重對方是一個獨立個體，擁有拒絕的權利，才是邁入成熟情感的第一步。

＊故事收錄在《老Z調查線56》

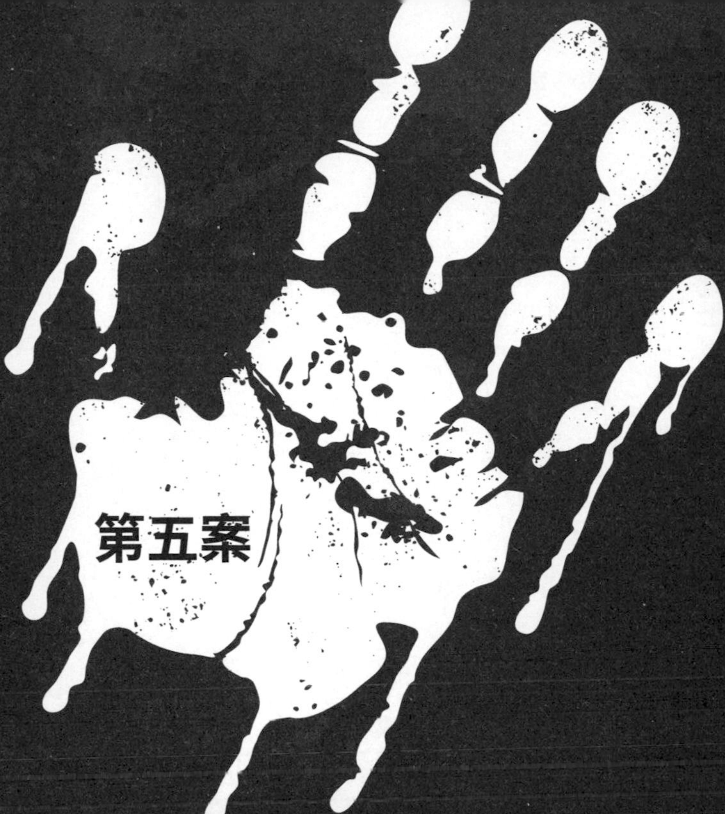

第五案

宅王吻屍案——
人生勝利組變態性糾纏

猶記得近二十年前大學時代的傳播學教授，還在探討設置監視器的優劣，公眾利益與個人隱私是如何衝突，誰想到過沒幾年台北市就著手建置「天網」，很快完成了無所不拍的監視器城市，另一方面也造就極高的破案率。如今影像軟硬體之發達，隨便一個街頭吵架都能成為新聞，只為滿足群眾的窺探欲，諷刺的是收視率上也反映出了這點。

而相對於跑社會新聞的記者，只要夠努力，或多或少都有機會**第一個**窺見刑案真相的機會。不論是來自被害者的第一手投訴，或恰巧經過案發現場，甚至獨家挖出案件背後的故事。然而在現在天羅地網的世界，最直接的方式就是去調閱監視器。由於公家的監視器鏡頭角度，幾乎涵蓋了所有地面，特別是在直轄市的區域更是密集，因為警方經常追緝罪犯是**以車追人**，才能迅速逮捕歹徒，避免繼續造成危害。

但另一個思考就是，警方不太會去調閱民間的監視鏡頭，在這個家家戶戶門前，幾乎都會裝電眼的時代，加上行車紀錄器的出現，也讓電視社會新聞，出現與以往截然不同的視覺刺激，就是會直接看到案發（殺人）過程。而第一個掌握命案畫面的記者，清楚明白整個犯案過程，通常就有權力為事件**命題**，讓其他媒體跟在後面跑。

而這次的故事，便是由我定下命案標題的重大情殺案。

Clues

1 小學旁兇殺

台北市松山區的西松國小，附近是個寧靜的文教區，沒有夜市也沒有百貨公司，距離不遠還有西松高中以及中崙高中，周遭全是住宅跟公園。二〇一四年九月二十二日，一個再普通不過的清晨七點，眾多上班族睡眼惺忪地出門，小學生獨自一人或者有父母陪伴上學，而每間早餐店忙碌招呼著這一波人潮。

小學旁的一四七巷卻有一個年輕女孩子，卻在此時靜悄悄地倒在一處轉角，身上大量血液汨汨地流出，沒有發出淒厲慘叫，身旁一名年輕男子情緒激動手上還拿著刀，很明顯就是殺人兇嫌，一旁經過的上班族目擊到這一幕慘況，連忙報警逮人。

小學後門旁居然發生恐怖殺人案，電視新聞快訊很快就出去，我一進公司立刻與攝影帶著器材出門，距離內湖各大電視台並不遠，很快各台的記者跟ＳＮＧ，就聚集到這小小的案發巷弄內，此時下起了滂沱大雨。

「他第一時間應該是切這裡（頸部），所以就叫不出來，就是……啊啊的呻吟聲，類似貓

狗的叫聲。」附近住戶回憶案發當下，只有依稀聽到的死者最後的聲音。

「聽到像是貓被殺死的聲音，沒有吵鬧聲，因為我覺得應該有人受害，趕快請警察救回人命，在路邊行兇太過分了！」熱心的報案民眾，撐著傘遮住部分臉部，一一回答記者的疑問。

死者是年僅二十三歲的**林佩真**，全身遭亂砍而死，事後法醫相驗總計有四十七刀，頭部頸胸腹部四肢等處遭亂砍一通，致命傷是左頸部遭深砍至頸椎，導致出血性休克死亡。從這混亂的傷勢來看，被害人死狀相當悽慘，而兇嫌很快就震驚全國，因為他並非是個Nobody，而是自大學時代就相當出名的「**台大宅王**」張彥文。

「**I am the champion！**」是張彥文在網路上，留下一段話的影像，二〇〇七年他就讀台灣大學時，在電玩比賽「台大我最宅」中，在當時熱門的網路遊戲「魔獸爭霸」率領台大隊伍奪冠，因此有了宅王的封號。他是典型眾人羨慕的那種會念書又會玩的資優生，小學二年級就接觸電玩，但課業完全不受影響，高中考上師大附中資優班後，再轉學到建國中學普通班，接著再考上台大。然而在建中時期，就已經拿過射擊遊戲CS全國高中聯賽第五名。

「真的我不敢相信，不可能。那個小孩哪有可能，很活潑呀！和人在一起都……都很溫順啦。他爸爸大部分都在當主管啦，『哪一家科技公司？』，他……好像有幾家喔。」張彥文家隔壁開著西服店的何老闆，一臉不可置信地回答，幾句話就透露出張彥文家境其實也很不錯。

台大畢業後，他還進入了台灣四大會計事務所之一的安侯建業聯合會計師事務所，上班地點就在第一高樓台北101裡面。張彥文長得眉清目秀，戴著黑框眼鏡斯斯文文，漂亮女友也是網路上認識交往，十足鄉民口中的「**人生勝利組**」，但他為什麼搖身一變成了殺人犯，又會如此兇殘地殺害女友呢？

Clues

2 變態的真相

「每一天來都是笑笑的，沒有看過她不開心的，連續三個禮拜的一到五都有來，就是你會看不出來說，她發生過什麼事。」年輕的早餐店員對死者印象深刻，店裡監視器畫面也拍到，當天林佩真穿著白色細肩帶黑色短裙，與往常一樣帶著微笑來買三明治，誰曉得走往下一個路口的時候，竟是人生的終點。

「林姓女子一下樓，就遇到正在樓下等他的張彥文，兩個人又吵了起來，兩人一路吵到一四七巷口，男子尋求復合，卻遭到林姓女子拒絕，隨後男子就拿出刀來，狂砍女方四十七刀。」我們另一個同事滬偲含，在案發地點stand還原買早餐後的情況，整天採訪下來就只有那一段stand麥克風**沒有聲音**[1]，回公司大家還七嘴八舌討論是不是什麼靈異事件，大家回頭去看調查線這集一分二十五秒的片段，就會發現記者聲音很空，是只有用攝影機的小麥克風（通常是錄製二軌的背景音用）錄到的聲音，再放大勉強使用的。

台大宅王殺人案，充斥每一節整點新聞頭條，對於電視記者而言，上午採訪時間只有短短一兩個小時，就得趕回公司做帶，特別這一條一定是1200的頭條重點，更不可能遲帶，這會嚴重影響收視率以及新聞競爭力。而現場第一重點就是找出案發前的任何監視器畫面，不過由於文教區可能治安良好，所以一樓住戶並不如預期家家有裝電眼。

而我四處查訪後準備回公司做帶，此時接到了一通關鍵電話，知道案發當下有一輛行車紀錄器拍到，趕在最後時刻衝去拍攝，這可是個大獨家。向車主取得同意後，立馬與攝影架機器拍攝，當年行車紀錄器畫質還不算太清楚，而映入眼簾的並非砍殺當下的過程，而是已經行兇後車輛緩緩靠近的一段畫面。

「X，**他在幹嘛！**」第一個看完畫面的我，忍不住脫口而出的驚呼。被害人已經躺在轉角，完全沒有動靜，而張彥文行兇完繼續拿刀朝著對方身體猛劃，接著朝自己身上劃，像是要自殘一般，卻似乎只是**做個動作**。然而接著最詭異的來了，他脫下死者的褲子，接著把頭埋進了下體……

1　採訪社會案件常見的靈異現象之一，麥克風會在命案現場不明故障，出現雜訊或直接收不到聲音，但在這之前或之後的採訪，麥克風都是正常的，唯獨中間這一段故障，資深的攝影記者也難以解釋。

「這太變態了吧！」攝影小兔哥也忍不住驚呼，我們來回反覆看了幾次，礙於畫質真的看不出來他究竟在做什麼。

接著他很慎重地將死者褲子穿上，我才意識到剛剛的舉動不像是猥褻，而像是類似「告別」的儀式。此時兩名員警趕到現場，從左右兩邊包抄，大聲喝斥他把刀子丟下，張彥文扔下刀子後乖乖就逮。

「張彥文殺人後還對女生下體做一些奇怪動作，真的。」我回程公司的路上，一邊向主管回報，但還無法確認他實際做了些什麼動作，隔了一天警方偵訊後，他才坦承是跟死者**吻別**，但他吻的不是嘴而是下體啊！**宅王變態吻屍案**瞬間在網路沸騰，而張彥文一家人更是承受莫大輿論壓力，案發當晚哥哥先主動來到靈堂公開下跪，就希望能夠取得被害者母親的諒解。

「這是我爸爸還有我媽媽，我們家三個人的一點心意，拜託拜託你們。『我們沒有接受！』讓我們盡一點力，我代表全家來致歉，對不起佩真，對不起！」張彥文哥哥手上捧著一大疊鈔票，拚命向家屬喊話，但遭到家屬斷然拒絕，也不准向死者上香。「自己做錯了自己要承擔，我們就是一個小家庭，沒有像外面所說的富豪，不是。我們家裡就是一般家庭，我爸媽下午真的很想道歉，現在真的不知道該怎麼辦。」

「我們不想接受對方的道歉，如果要演戲去別的地方演。『不管來幾次？』我都不喜歡！

都不要啦！都不要接受他們的抱歉就對了！」林佩真母親對著鏡頭吼完隨即掉頭離開，喪女的悲痛又豈是一個道歉能撫平。

「不會接受！他兒子把我女兒殺成這樣，這樣才來道個歉我就要原諒喔！如果是這樣那我也去刺他兒子，再跟他道歉就好了啊！」

張彥文朝屍體舔屍且自殘，兩名員警趕到現場喝斥他丟下刀子。

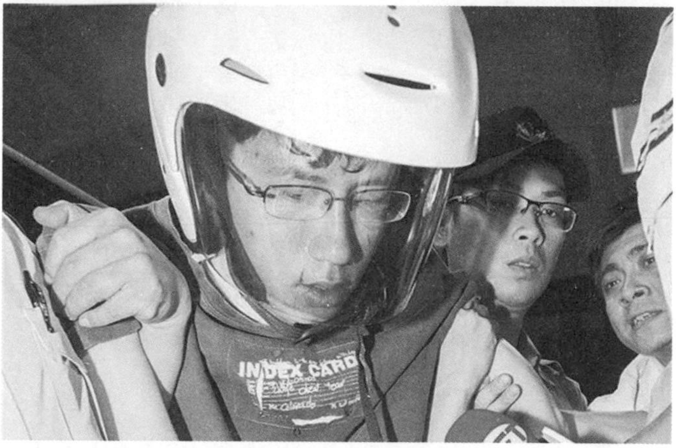

張彥文落網狼狽模樣，面對記者的提問始終低著頭，雙腿乏力須給員警提著走路。

Clues

3 窒息的愛情

「他就是基本上來說，他做什麼事情他都還滿投入的，他會把很多事情都是當作非常認真的去經營，在小學的時候他本身就是一個滿衝的人，他什麼事情都會衝，或是可能老師在講他的時候，他如果覺得是不對的，他是會起來據理力爭。」張彥文的國小同學回憶起，從小他就是一個與眾不同有主見的人，甚至一度考上台大但不是喜歡的系所，毅然決然就決定重考一次，也看得出張彥文執著的那一面。

「我們知道這件事情也覺得很意外，因為跟我們那時候認識的他真的很不一樣，他有說他覺得壓力很大，就是這段關係的發展不如他的想像，然後來自各方的壓力，讓他覺得壓力很大，他覺得很不快樂。」親近張彥文的台大同學，也很清楚他最近在感情上的狀況很不好，陷入了罕見的低潮，但兩人之間究竟有怎麼樣的糾葛，他們也不清楚。

張彥文並非第一次交女友，特別的是他每一任女友都是在網路上認識。第一任同是台大經濟系的高材生，交往五年後分手，第二任交往兩年，這次的被害人林佩真是第三任女友，是在台大批踢踢BBS站聯誼版上認識，卻僅僅交往半年多就遇害。而他行兇後似乎打算輕生，卻只有輕輕割了自己幾刀，他向警方供稱是**怕痛**，被不少人質疑只是演戲，網路上更是一陣「俗辣」嘲諷。

「**別人的女兒你殺得下去！人家辛辛苦苦養那麼大，你殺得下去，你自己是怎樣……你殺不下去？**」林佩真的母親在鏡頭前怒吼，斥責一個大男人有種殺人卻沒種自我了斷，瘦小母親替女兒抱不平，氣勢相當強悍。「**其實我女兒就是感覺，他的個性那樣不要啦，結果他好像說我女兒放掉他，他心不甘情不願的啦，大男人幹嘛……怕沒有女生交喔！**」

「她上禮拜回來，很興奮的跟我們分享，她在台大附幼那邊學習到很多事情，她跟我們分享的是，她很認真在那邊，她寫了她的教學觀察記錄，她的輔導實習老師也很高興說，她是那麼地積極主動，她都還沒有要求她交報告，她就已經把報告交出來了。」林佩真就讀的台中教育大學幼教系主任邱淑惠，無法相信一個這麼乖的學生，居然就這樣子走了。

林佩真自幼出身於單親家庭，上面有一個哥哥，家裡全靠媽媽去採靈芝來維持家計。而林佩真對於教育有相當高的熱忱，一方面收入也相對穩定，升大四與張彥文邂逅後陷入熱戀，希望可以北上實習距離男友近一點，於是特別選擇了台大附設幼兒園實習，同時也與張彥文開始甜蜜的同居生活。那陣子臉書上曬得幾乎都是兩人出遊的照片，不論是到平溪放天燈、或到香港觀光等等，幾乎每逢假期就會出門旅遊，半年多時間花了高達五十萬元，一大部分都是男生買單，可見張彥文對這段感情的重視。

曾有人說要看情侶適不適合，出國一趟就清楚，畢竟戀愛中保持距離的階段，是唯美且浪漫的，如果是緊密的同居生活，能完全看到對方的缺點，摩擦火花自然也就產生。但林佩真畢竟是個幼教老師，對一個大男人的耐心，自然比一般人高出許多，只是她漸漸發現張彥文，擁有**恐怖情人**的特質。因為張彥文會因為一些不如意的小事發脾氣，還經常會偷看她的手機通聯，確認有沒有跟可疑男生來往，甚至還會從筆記本跟發票，像個偵探似的追查當天行蹤。

面對如此**緊迫盯人**的男友，林佩真當然喘不過氣，把這些壓力偷偷跟自己的好朋友傾訴，還在日記本裡註記了「K」來代表好友，沒想到被張彥文發現後醋罈子整個打翻，直接認定這個**K先生**介入了他們兩人感情，兩人為此吵得不可開交。最後張彥文覺得戀情有點岌岌可危，便安排兩人九月初到日本京都散心，希望能夠挽回女友的心意。但懷疑女友不忠的心結始終在心裡圍繞，兩人為此再度大吵一番，林佩真終於受不了提出了分手請求，沒想到竟是一切悲劇的開端。

張彥文與女友合影照片，經常出國遊玩，感情看似親膩，卻早已有裂痕。

Clues

4 黑化的宅王

由於張彥文認為一切已無法挽回，惱羞成怒，在日本旅遊的第二天跟第四天，不顧林佩真的拒絕，**兩度性侵得逞**，甚至還**拍下裸照**威脅，回到台灣後林佩真傳給張彥文的LINE訊息，看得出都是滿滿的恐懼。

「我覺得現在我很怕你。」

「不知道哪天你想把我殺了。」

「你讓我活在恐懼中。」

「為什麼你要讓我這麼害怕。」

「你想毀掉我嗎？」

「結果你居然想殺我。」

「你原本想對我做更過分的事。」

「真的覺得自己性命受到威脅。」

「你明明告訴我，你是想殺我。」

「每天擔心自己會不會有人身安全。」

「想殺我，遇到會致我於死地的人。」

「在日本都想殺人了。」

「只要給我平靜，給你磕頭磕到破也甘心。」

「我真的好怕，我到現在還在發抖。」

林佩真飽受屈辱後要求張彥文搬出去，並交出房間鑰匙，沒想到九月十四日張彥文卻以忘了帶鑰匙為由，騙了林佩真表姊幫忙開門，因此侵入房間埋伏，等到女生下班後返家，秀出裸照威脅**分手砲**才願意刪除照片，還留下了沾有精液的衛生紙、膠帶以及情趣用品，林佩真至此已經接近崩潰，向母親跟好友發出了求救訊號。

「我跟她說不然妳趕快回來，她就說如果回去，實習時間會耽誤到，我就順著她的意思沒勉強她回來，想說應該是說笑的而已啦，不會怎麼樣啦，錯就錯在我真的沒有積極叫她回來。」林佩真母親事後自責地說。

「我帶她去找房子而已，其他我就不便多說了。『所以她日記上寫的K？』是張彥文自己亂想的，其它我就不想說了。『所以他曾懷疑過您嗎？』有，其它我就不便多說，等我心情平復再講。」關鍵的K先生接受電話訪問，坦承要幫助林佩真找新居所，兩人只是舊識，根本就沒有曖昧關係，卻意外成了嫌犯殺人的藉口，顯得很無奈。

此時的張彥文無法擺脫低潮，除了跟好友抱怨女友變心外，還反常地跟同事抱怨並曠職兩週，接著心中興起了玉石俱焚的計畫，十五日便去買了一把鈦鋼刀（據傳挑跟**鄭捷**行兇的鈦鋼刀是同一款式），期間不斷傳訊息表達抱歉跟關心，仍舊試著尋求復合的機會，並不斷地跟監對方。十九日跟二十日發現林佩真出門有男生接送，復仇的意念越來越強，案發前一天還寫下了兩封訣別書。

「給這輩子最最最愛的老婆林佩真……妳的身影失去平衡，慢慢下沉（後面一整段引用周杰倫《回到過去》的歌詞）……好想回到過去，再愛妳一次，這次不會再分開，一直一直幸福下去。二〇一四年九月二十一張彥文愛林佩真FOREVER. 對不起，真的，對不起大家。」

另一封是「致所有人」訣別信：「……我都原諒妳，因為我要娶妳，妳再不好，都是我的，都是我的。好想回到過去，再好好愛妳一次。張彥文&林佩真絕筆」

附記：「一人做事一人擔，我養的公主自己娶。一命償一命請不要怪任何其他人。」

張彥文臉書上也PO文：「都怪我太貪心自私，選了愛人卻還要求更多，導致現在局

面，如果上天給我再一次機會，我會選擇再修個三千年，還說一定要堅持下去，直到三千年後到時我們再相遇。」

案發九月二十二日這天清晨，張彥文突然驚醒，他看了一下手錶顯示「04：44」，諧音「**林死死死**」，居然認為這是上天的暗示，於是帶著鈦鋼刀跟訣別信前往女生家外埋伏，一見面就亮刀。

「我手上有刀，妳不要輕舉妄動。」

Peter Chang
我想，正如妳可能永遠也不會知道我有多愛妳；
我自己，也永遠都不知道我居然有這麼愛妳。
還記得以前妳問我：妳選擇愛人還是被愛？
愛人是心滿意足卻往往需面對痛苦；被愛是心有缺憾卻往往將接受幸福。
需要多麼大的緣分才能真正相愛無悔一輩子阿？
我想，至少需要修三千年並不會是過分的要求。
當時我選擇了愛人，妳......
45%
23:43
犯案前張彥文的臉書貼文。

「我要自殺了，今天是我人生最後一天，所以我想在人生最後一天，跟妳當最後一天的男女朋友，這是我的夢想，希望妳不要破壞我的夢想。」

「求妳不要破壞我的夢想，不然我怕我會跟妳同歸於盡。」

林佩真當場嚇得將男生推開，並打算呼喊求救，張彥文第一刀就用力揮向左頸砍斷動脈，林佩真頓時無法發出聲音，隨即倒地不起，張彥文卻持續一邊揮刀，一邊說著：「妳知道我是用生命愛妳嗎？妳竟然騙我，分手一個禮拜後就連續兩天跟男生出去約會，為什麼要這樣對我。」

小孩子口中喜愛的亮亮老師，人生最後幾天竟是飽受蹂躪跟恐懼，含冤而死。林佩真的大體最後接受縫補，總計縫了超過**三十吋長**。

「四十七刀欸！我真的喔……我不會講真的，我在想說好可憐我女兒真的……要死還被人砍成這樣喔，實在是……唉！」

Clues
5 爭議的審判

張彥文被以殺人罪移送，收押進台北看守所編號一〇五一，他涉嫌殺人、妨害祕密、強制性交、侵入住宅、**污辱屍體**、恐嚇等罪名被起訴。張彥文家人持續尋求金錢和解以求減刑，一方面替張彥文做精神鑑定，以從小因為父親易怒暴力的關係，造成他有明顯的邊緣性及依賴性人格障礙特質等做抗辯。一審法官認為**尚非全無教化可能性**，判處無期徒刑，社會一陣譁然。

「**因為家庭生活暴力，造成他敏感衝動的人格特質，但依據台大醫院精神鑑定報告書，認為被告仍然可能透過精神科的治療，及心理治療來矯正他的行為模式。**」台北地方法院庭長這樣解釋。

「**事實上當他情緒平復之後，他很不能接受自己做出這樣魯莽的行為，他也持續不斷的在抄經念佛號，也不斷地有寫信，希望能表達歉意。**」張彥文的委任律師李昊沅，在宣判後接受媒體訪問，轉述他的當事人是真心悔悟。

然而上訴二審改判為二十一年有期徒刑，更一審法官梁耀鑌甚至使用**印度詩人泰戈爾**詩詞，「愛不是占有，也不是被占有，愛只在愛中滿足」說張彥文誤把占有當做愛，且任由占有欲滋長，最後鋪天蓋地吞噬被告的理智，對愛的觀念偏差，且雙方達成和解，再改輕判十五年有期徒刑。兇殘殺人越判越輕，也一再引起輿論的批判。

「當然沒有判死刑，我們是不服氣的啊還用講，如果殺一個人就說對不起，這樣就可以解決的話，那每一個都可以去殺人了！」、「想說應該不會判得太重，你不滿意……不滿意你能怎樣，我對我們的法律已經……我不會去奢望太高啦！唉！心裡就自己想說反正我就是，白白犧牲一個女兒而已，其實和解是和解啦，我心裡也是很不平衡。如果殺人殺一殺，上法庭都哭一哭就減輕罪刑的話，那每一個人都去殺了啦！」林佩真母親每次宣判受訪，不難看出對司法的失望。審判中也仔細審視張彥文的過去，媽媽轉述，從小他就因為樣貌不佳，因此遭到保母嫌棄等等，自幼產生了自卑感，擔心被人嫌棄拋棄；另一方面他發現自己智力比其他小孩子優秀，可以透過自己摸索就能解決問題，發展出了過度自信的狀態，因此個性經常在自卑與自大中擺盪。

張彥文父母都很重視他的學業成績，小學因為表現良好自然得到不少關愛，但父親酒後常常會沒來由的暴怒，用體罰張彥文的方式宣洩壓力，造成他不小心裡創傷。「**我沒有做錯事，為什麼要對我這樣。**」導致他承襲到父親衝動暴怒，然後再後悔道歉的行為模式。國中階段他成績依舊不錯，開始出現追求完美的傾向，但在高中資優班考試時，因為〇．五分落榜第一志願，導致他自尊心受到重大打擊。後來雖然因為家人堅持，仍用考試的方式考上，但原本以學業為生命目標的張彥文，內心因此崩解，在高中出現「**不能拿第一，就不願意用心投入**」的處事方式，最後接觸到電玩遊戲，便成為他逃避現實的方式。這階段邁入大學張彥文開始與家人疏離，並將母親的關心視為一種無形壓力，生活重心改向與異性的交往關係上。

與第一任女友交往的時候，女生的生活能力跟情緒控管都很不錯，比較能包容張彥文的情緒問題，維持了一段時間的穩定戀情，但最終仍無法接受張彥文的生活態度委婉提出分手，張彥文害怕回到過去疏離跟空虛的狀態，居然以死相逼復合成功，之後女生再提分手，他又以自殺相逼的方式來因應情感的挫敗。第二任感情則是他懷疑女友另結新歡，對他開始冷淡，也出現過企圖自殺逼復合的行為。

第三段感情由於林佩真年紀比他小，於是改為**完全付出、絕對掌控**的互動模式，最後又因為分手出現以死相逼的模式，最後扭曲成以兩度性侵方式挽救戀情，幻想只要有完美性關係，女方就能承認劈腿並回心轉意，最終仍釀成了悲劇，甚至造成**過度殺戮**（Overkill）[2]的情形。最後因為沒有完成他的性幻想計畫，便以親吻被害人下體，象徵達成**完全掌握**的計畫。以下摘錄判決書部分內容：

> 整體而言，其犯案與人格特質及後天學習之被動攻擊（passive-aggressive）的行為模式，暨以掌控、性幻想、暴力方式處理A女之關係，加上其過去常以自殺面對生命之不順，故因而犯下本案之罪。以上有鑑定人陳若璋出具之鑑定意見。

上訴更二審後法官認為他預謀犯案，大庭廣眾下砍殺並出現過度殺戮的行為，賠償也不足以彌補家屬的傷痛，再度改判回無期徒刑。二〇二一年二月二十五日，最高法院駁回上訴，全案三審定讞。

後記

「剛分手的時候，他可能有很多的情緒很激烈，威脅你或者是說各種不同的威脅啦，你要認真的去看待這些口頭威脅，因為這些威脅是有些危險性的。」兩性專家林萃芬針對宅王案，提出不歡而散的分手，許多激烈言詞並非虛假，得認真看待這些警訊。兩性專家吳娟瑜則指出，很多女孩子在處理分手「太直接、太明白了」，讓對方在心不甘情不願的狀況下，就容易起了殺機，建議女孩子要學習懂得安撫對方的情緒。

高學歷情殺案一直以來都是台灣社會，討論度極高的案件類型之一，畢竟擁有過人的智識跟自制力，最後仍然在情感上挫敗之時，會採取極度不理智的殺人行為。從早年的清大王水案，到近年在台大發生的男男同志潑酸案、世新大學刺殺學妹案等等，都讓人深深思考這些高學歷學子，在情感教育及情商控制上居然都不及格。

反思過去台灣過於注重智商教育，對人生重要的戀愛學分卻只採取**放牛吃草**的模式，許多人都得在挫敗下自我修復，或者在同儕圈中彼此分享**失敗經驗**取暖，對男女不當認知的觀念也同時跟著散播，時至今日談起許多愛情觀，仍出現許多偏頗的男性或女性偏見，導致兩性失去正常的交往機會，甚至在分手後會出現毀滅對方的偏激想法。

2　通常是指殺死被害人時，使用的暴力超出導致被害人死亡必須之程度，或是過程中導致被害人過度的痛苦。（採用高等法院的解釋。）

跑過那麼多分手互相傷害的新聞，絕大部分慘案都是出自於占有慾的作祟，導致無法適當地放下感情。然而要學習正確愛情觀其實一點也不難，要知道愛情最重要的參數是**時間**，時間才能證明愛情。去觀察那些修成正果的**老夫老妻**，並向他們請教學習，往往答案都是出乎意料地簡單。

＊故事收錄在《老Z調查線18》

第六案

妯娌鹽奶案——
怨毒長媳的恐怖猜疑

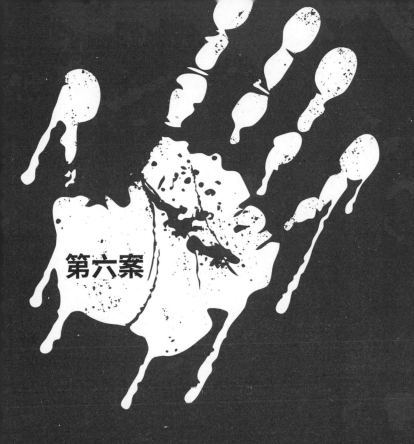

女人，是男人永遠搞不懂的生物，甚至女人都不甚了解女人自己。在求學期間我對心理學、社會學以及女性主義特別有興趣，曾經嘗試去接觸了解女性心理，發現女性的成長經歷幾乎都是處在**壓力**環境下，而每位女性對壓力的內外在表現，最終形塑了她們的人格。當然得先說這是我個人不專業（學術）的觀察解釋，或許有些偏頗，請多見諒。

她們就像是一尊泥娃娃，從小就接受不同的意見壓力（雕塑），來自家庭成員的保護壓力，來自學校團體的同儕壓力，出社會後更複雜的種種壓力，最後捏出一個我們看到的外在女性形象，但看不到的是心理上被雕塑，或者是被創傷的痕跡。

「你的觀察很貼切耶！女性真的是不斷被塑造成眾人所期待的樣子。」一位住在美國的女性友人，非常認同我的想法。

女人很會**忍耐**，一部分可能來自生理構造，一部分絕對來自環境的壓抑。在犯罪學有一門特別的分支，「**女性犯罪學**（**Feminist Criminology**）」，對此美國曾有些相關研究，發現女性殺人手法通常偏好有**計畫性**，並非採取血淋淋的暴力屠殺方式，而是更傾向下毒、淹死、勒死、悶死、忽視虐待（針對嬰兒）等偏不著痕跡的方式，因此發覺女性殺人犯的偵查時間，往往比追查男性兇手要耗費得多。女性通常下手的對象，都是與自己有關聯的人，比如丈夫、家人、同事朋友等。

然而女性最容易**激發**報復想法的人生階段，在東方社會通常就是出嫁住入夫家的開始，她們從每一個獨立自主的女性角色，卻因為愛上一個人，得踏入另一個陌生的家庭裡，與一群陌生人開始生活，而她的地位卻是最低的。因此婆媳、妯娌之間的勾心鬥角，早已是鄉土連續劇永遠不會膩的題材。

這一回便是一個女人，怨毒報復毀了三個家庭的可怕故事。

Clues

1 不尋常的奶粉

採訪社會新聞有幾種形式，一種是發現狀況衝到現場，像是車禍意外殺人等，一種是有人投訴各種冤屈，循著線索去挖掘真相；最常見又相對方便的一種，就屬於**記者會**的形式，因為所有的資料以及受訪者，會主動且積極接受記者提問，如果是民意代表發布的記者會，通常可信度跟資料完整性會高出許多，因為他們通常（還是有例外）都會先調查過一遍，確定真的有不公平且危險的真相，才會主動召開新聞記者會。

二〇一三年十一月十六日，時任的台北市議員簡余晏，陪著一位媽媽在市議會發布記者會，這一場湧入了幾乎所有平面以及電視媒體，因為她指控的內容相當地令人不安。

「妹妹是十月十五日下午有發燒腹瀉，送到台北國泰醫院，當天晚上的時候只有發燒跟腹瀉，醫院有做緊急降發燒，十六日凌晨發病危通知……」媽媽**陳美蓁**握著麥克風，緩緩說出自己孩子不幸的經過，帶著口罩鴨舌帽，仍難掩她淚眼婆娑的神情。因為小孩子居然因為體內鈉含量過高，需要洗腎，而她的孩子不過才出生一個多月。

「一個一個多月大的小孩，在加護病房洗腎……一個做媽媽的什麼都幫不到……就只有喝一個牛奶！（哽咽）……我也是懷胎九個月生她的！為什麼別人的小孩可以這樣叫媽媽，我的小孩呢！躺在冷冰冰的兒童加護病房……腦死、腎衰竭到拔管，這樣子整整一個月，一個月都覺得有希望！可是每一次去醫生告訴我們，她沒有任何的反應……也沒有任何的……其他的方面有任何的改善……」淒厲的哭聲響徹了市議會，所有的鏡頭對著這位母親，沒有人敢提問，但我相信每一名記者心裡也都能感同身受，這名母親喪女的痛苦。

出生一個月的健康小孩，居然短時間急性腎衰竭死亡，接著她們提出控訴，是當初在丁丁藥局買的諾貝兒寶貝「金配方嬰兒配方奶粉」，居然出現不可思議的高鈉含量，害死了她們的寶貝女兒緗緗。

「丁丁藥局的藥師說他們這個是原裝進口，而且又是政府核准的，然後說又很接近母奶，我才考慮說接近母奶，對小孩比較好吸收，我沒有猶豫過……諾貝爾寶貝比較接近母奶，接近母奶當然比較好……沒有想過為什麼會這樣（啜泣）……」帶著漁夫帽口罩的父親，非常自責當初選了這款奶粉，居然害了自己的孩子痛苦死去。

記者會當天上午就震撼全台，小女嬰插管的虛弱照片成了新聞節節放送的頭條。緗緗是八月二十日出生，九月就開始不斷發燒，轉院洗腎插管仍然回天乏術，緗緗父母十月將奶粉自行送驗，發現一公克的奶粉，居然含鈉六〇．三毫克，超標近五十倍，等於緗緗一天就吃進了六五一二．四毫克的鈉，遠超成人一天攝取量二千四百毫克的二到三倍，小女嬰可說是被**活活鹹死**的！

「她有時候不太喝，有時候會嗆到，然後有時候根本喝不完，就舌頭一直吐出來，就是不喝不喝，有時候還會嗆到，會溢奶。」緗緗母親回憶當時喝奶，孩子已經有異狀。

馬偕醫院也將奶粉送驗，鈉含量也是高達四六三〇毫克，開給女嬰的死亡證明是「**極致高血鈉症引發急性腎衰竭**」，由於緗緗只有喝配方奶，問題來源十分明確，家屬也到中山分局對廠商提告。這場記者會頓時震撼了全台灣的家庭，許多買了這款知名奶粉的父母，紛紛將奶粉退貨，當然諾貝兒的其他奶粉，也全都遭到這波食安風暴的衝擊。

這案件當然非同小可，媒體記者紛紛詢問各類專家，怎麼可能會發生這種事情，而食藥署抽檢諾貝兒的其他奶粉，卻**沒有**發現有超標問題。只是日本跟台灣早已爆發過千面人事件[1]，千面人的手法就是隨機在產品下毒，很有可能只是沒抽檢到問題產品，因此食藥署也公開呼籲大眾，先預防性停用相關產品，更讓這起食安風暴越演越烈。

喝配方奶會死人是前所未聞，社會輿論掀起廣泛討論，遭點名的藥局跟諾貝兒寶貝，頓時成了眾矢之的。只是事件過了兩天，仍舊沒有發現其他有問題的高鈉奶粉，廠商們也沒收到任何千面人警告或恐嚇信，唯獨只有緗緗家裡**開封**過的奶粉，有不尋常的高鈉反應，輿論風向開始出現變化，代理進口的廠商也跳出來喊冤。

「**別罐完整檢驗包裝都沒問題，就只有那一罐他們開封的有問題，這不太合理啊！**」奶粉廠商發言人許耀鴻，冷靜地向媒體分析，並大口示範直接吃下奶粉，要證明自家產品沒有問題，總經理也出面表示清者自清。而台北地檢署的檢察官，南下高雄跟衛生局去檢驗諾貝兒寶貝公司的貨櫃，要了解進口到銷售之間的流程，由於廠商強調法國原裝進口，直接上架販售，似乎不太可能有被汙染的可能。

1　日本千面人事件，是指一九八四年間著名食品廠商固力果公司，先是社長遭到綁架勒索，接著升級成綁匪自稱「怪人二十一面相」，不斷寄信挑戰警方跟媒體，在各種食品內投放了氰化物進行勒索，警方卻始終逮不到嫌犯的懸案，被許多影視媒體視為完美犯罪，被改編拍攝成各種影視文學作品。台灣第一個在桃園機場搶劫銀行的前科犯王進展，二〇〇五年模仿日本千面人事件，在著名能量飲料蠻牛以及保力達B投放氰化物，造成一死四傷的恐慌事件，警方循線逮捕到他之後，發現他是要藉此威脅勒索另一間廠商三洋維士比，最後被判處無期徒刑。

女嬰緗緗父母與議員，召開記者會質疑問題奶粉害死女兒。

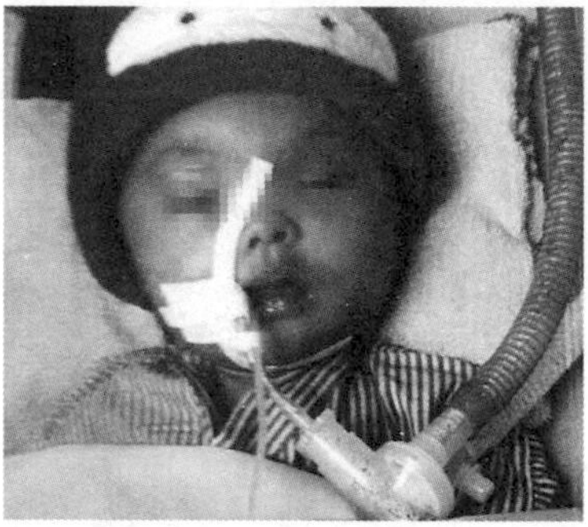

女嬰緗緗送醫急救 ，身體驗出不尋常的高鈉量，導致高血鈉症併發急性腎衰竭死亡。

Clues 2 可疑的家人

那為什麼只有緗緗家買的五罐奶粉中，開封的那一罐有超標呢？檢察官察覺到些異狀，決定解剖女嬰釐清死因，並前往緗緗家中蒐證，最後被媒體拍到鑑識人員帶走了兩包「**鹽巴**」，顯然基本上已經懷疑奶粉可能被摻入了鹽巴，而最有機會下手的，只有家裡的**某個人**。

「**我那個時候嘗就覺得它，味道不是很尋常的牛奶，比較鹹，沒有什麼怪味道，然後也沒有什麼異狀啊！也沒有什麼凝固體，什麼都沒有。……奶粉就是存放在飯廳那裏，旁邊有飲水機直接可以沖泡，『除了爸爸媽媽你們兩個會碰到奶粉以外，還會有其他人經手嗎？』沒有。**」緗緗母親再度受訪依舊淚眼汪汪，不捨寶貝女兒得遭到解剖。

案件爆發一週後，緗緗同住的全家八個人，爺爺、奶奶、爸爸、媽媽、人伯、大伯母、小姑還有女嬰外婆，全部遭到檢調約談。

「**小孩本身才不到一週歲，他不可能跟人家結怨，有可能得罪別人或結怨的，可能是小孩的父母親，一開始就鎖定能接觸到小孩子的家人。**」北檢承辦檢察官鄧定強將嫌犯，鎖定在大人間有什麼樣的恩怨，可能會是緗緗喪命的真相。

「他們對小孩都很疼啊！住一起多少一定有互動啊，不會說聽說有吵架或幹嘛。爸媽之前有幫他們（大伯），帶過那兩個小孩，應該還好啦！滿有經驗的。」緗緗的叔叔戴著粗框眼鏡，俐落的短髮，一口否認家人不和的外界揣測。

「家裡喔……我是感覺不太可能，『怎麼說？』看他們很好啊！以前看他們很不錯啊。」緗緗舅公一臉不敢置信，怎麼會有家人會去殘害這個小孩子。

而緗緗一家人被偵訊了二十一個小時，而平常主要餵緗緗的人，只有媽媽陳美蓁跟外婆，外界紛紛出現各種推測，鹽巴加入奶粉的各種可能性。第一個是懷疑外婆會不會誤信偏方，由於小朋友喝奶偶爾會有脹氣的情況，老一輩有放鹽巴消脹氣的偏方說法，但這鹽巴的量也未免太多，左鄰右舍的老鄰居不敢置信。

「如果脹氣也是挖兩小顆下去，不可能整包都下去！」

第二種推測，由於奶粉放在客廳及廚房相鄰的位置，就放在一張直徑一．五公尺的圓桌上，鹽巴罐與桌子的距離有兩公尺遠，打翻誤倒的可能性低，不過大伯母的孩子也就是緗緗的堂哥堂姊，身高有一百公分，墊張椅子也有可能拿到鹽巴惡作劇。換言之這個家裡所有人，都有機會對奶粉投放鹽巴。

輿論的第三種推測是直接針對母親陳美蓁，因為只要餵過孩子的配方奶的父母，基本上都應該有這種經驗，泡完後試喝溫度或口味是否正常，或孩子喝不完的繼續喝完，陳美蓁怎麼會完全沒察覺到這是**鹹奶粉**，還一直逼女嬰喝下呢。然而當時馬偕醫院的高血鈉報告還沒出爐，細細父母就先行將奶粉送驗，是否早就知道奶粉有問題，外界甚至傳出有沒有詐保的可能，不過這起案件的理賠金額很少，隨即被檢警排除。

只是經過一天的偵訊，八個人的說法互有出入，專案小組形容鹽奶案就像柯南在查密室殺人，嫌犯就在這八個人當中，卻很難確定是誰下的毒手。頓時一家合照的全家福，成了像偵探電影一樣懸疑，每個家人笑容的背後，究竟是誰心裡藏著一把刀。

「**測謊啦，或者這個他那邊有沒有錄影機啦，其他有沒有記錄啦，這些都可以找出。有的時候這個儀器上面，電腦上面有沒有紀錄，也可以找出來一些蛛絲馬跡。**」就連國際知名的鑑識專家**李昌鈺**，也對此案給出了建議。

案發後的第十一天，十一月二十七日台北地檢署發布記者會，鹽奶案真相再度震撼社會。

「認為被告涉犯殺人罪嫌重大，所犯為最輕本刑五年以上有期徒刑之重罪，而且被告有湮滅證據、勾串證人之虞，有立即羈押之必要性，因此承辦檢察官於訊問後，當庭將被告逮捕，並且隨後向法院聲請羈押並禁見。」北檢發言人黃謀信指出，嫌犯在九月到十月間連續加入鹽巴，是害死細細的真兇。

被當庭逮捕的竟然是細細的**大伯母鄒雅婷**，跌破外界所有人的眼鏡。所有新聞記者頓時湊到北檢側門的車道口等待，那是所有遭收押的嫌犯必經之路，從大樓地下室走向囚車的一段路，就是記者唯一能拍到**嫌犯**，以及對他簡短喊話的時機。至於記者為什麼要喊話呢？主要也是希望嫌犯能轉過頭來面對鏡頭，與自由世界的告別，表情總是能被媒體寫得十分生動。但偶爾會出現根本不知道嫌犯長怎樣，一群嫌犯走上車的時候就不知道該拍誰了。

「**為什麼要在奶粉裡加鹽巴！**」我隔著那高高的鐵門，對鄒雅婷呼喊著，然而她沒有理會我的喊話，戴著口罩表情冷漠地快步走出了囚車，這天她再度被檢察官借提偵訊。因為她涉嫌以不只一種鹽巴，有海鹽、精鹽以及另一種不明的東西，加入奶粉害死了緗緗。

檢方突破的關鍵，就是偵訊二十一小時的那天，其他家人都十分淡定，只有鄒雅婷的情緒反應特別激動，**哭得很厲害**，淒厲程度到承辦檢警覺得有點奇怪，讓檢方直覺應該就是她。但鄒雅婷拒絕坦承，還反過來要求警方趕緊揪出兇手，直到第二次偵訊時仍然全盤否認。檢方以她同樣身為人母的角色，拿出緗緗天真無邪照片，說這麼可愛的孩子，何其無辜，她才卸下心防脫口說出。

「**我不是故意的！我不是故意害她的！**」鄒雅婷邊哭邊喊出這幾句話。

「**臉書上PO出跟老公女兒出去玩的照片，還有跟公婆的歡樂聚餐照，看似一家和樂，但獨獨沒有小叔夫妻，原來早就妯娌不和。**」記者從臉書上看出了端倪，一切問題居然是她跟緗緗母親的緊繃關係，無辜牽連到了小女嬰，但究竟什麼事情需要到殘害一個剛出生的小嬰兒呢？

「**她很乖，她很認真地工作，她對婆婆公公都很孝順，對丈夫也很好。所以我不相信她這個人喔，會去做這種事。當然是很驚訝啊，那個小孩子無辜的啊，孩子是無辜的啊，你不能說大人的恩恩怨怨，恩恩怨怨去搞到小孩子，這樣就不對啦。**」鄒雅婷在電子工廠上班的同事，異口同聲地表達驚訝，因為在眾人的眼中，她是個勤奮持家的好大嫂。只是被指出全案關鍵的緗緗母親，卻否認兩人有妯娌不和的問題。

「**我先生跟我回家看到新聞才知道，我們吃完晚飯回到家才看到，我們也很震驚。我不相信，因為我昨天到現在，我整個晚上跟我先生兩個都不發一語，因為我們怎麼想都沒有想到。畢竟一個人的疏失，造成一個家庭這樣，應該每個人都想不到，連我自己都想不到，我希望我可以把自己身體養好，把緗緗再生回來。她在我心中永遠都是我的大嫂，我也會把她的小孩照顧到長大。**」

緗緗母親再次召開記者會，卻是要澄清與大嫂間不和的傳聞，同樣聲淚俱下，卻無法讓外界的質疑釋懷，畢竟連真兇都已經說出，就是因為婆媳關係緊張，婆婆對兩兄弟家庭有明顯偏愛，才會狠心下毒報復。而陳美蓁是否真的如她說的那麼單純，看遍各種鄉土劇的吃瓜鄉民，早已有了不同劇本的猜測。但重要的是，鄒雅婷究竟說出了那些怨懟，為何這個小嬸什麼都說不知道？

「**看不出來，大嫂她也是會叫我吃，也是會問我最近怎樣啊。只是我萬萬沒有想到會覺得公婆對我比較好，會讓她有那種感覺，可是她自己也有生兒女，為什麼她會如此這樣。**」

Clues 4

妯娌的齟齬

妯娌，指的是兄弟之妻相互的稱呼。姑嫂，婦女本人與丈夫姊妹的合稱。（引用教育部國語辭典。）東方人的家庭稱謂有點複雜，但不管如何，妯娌姑嫂經常是東方家庭衝突的潛在因子。畢竟不同女人擠到同一個家庭，總是會出現誰支配誰的狀況，每個妻子或母親都想在有限的空間內，完全支配自己的生活。更別說婆婆加入戰局後，對誰好對誰冷漠，更加劇這樣的對立關係。

鄒雅婷說與丈夫結婚後，生有一子一女在外租屋，但因為她在工廠的工作忙碌，所以孩子都交由公婆代為照顧，一家人原本相安無事，直到二〇一二年底陳美蓁嫁來之後，跟公婆同住蘆洲永樂街的房子，接著生下了細細，感覺到公婆明顯偏心，加上丈夫沒事就往公婆家跑，雖然她是**長媳**，但感覺地位明顯弱勢。

陳美蓁嫁來幾個月，鄒雅婷孩子的衣物開始出現破損破洞的狀況，像是被剪刀剪破的樣子，她直覺這件事情不太對勁，跟丈夫以及家人討論後懷疑是陳美蓁所為，一度氣得要在家中加裝監視器，但遭到丈夫的勸阻，因為丈夫認為是老鼠咬的，陳美蓁也表示自己衣服也有被咬破，整件事情就這樣不了了之，但在她心裡留下不少疙瘩。

接著女兒的趴趴熊布偶不見了，鄒雅婷偶然發現竟被丟棄在外頭鄰居的鐵皮屋頂上，雖然無法確認是不是就是女兒的布偶，但鄒雅婷已經相當生氣，認定又是陳美蓁所為。趁著一次她們外出，鄒雅婷居然在當時懷孕的陳美蓁床旁，釘了兩支長約五到六公分的鐵釘，打算讓她**不小心**受傷，藉此發洩她的不滿，但被陳美蓁無意間發現。

「**大概有五公分左右，還滿明顯的啦，可是妳被劃到妳才會注意它，妳沒有被劃到妳不會注意它，當時睡在上面都覺得腳會冷，動機應該是**

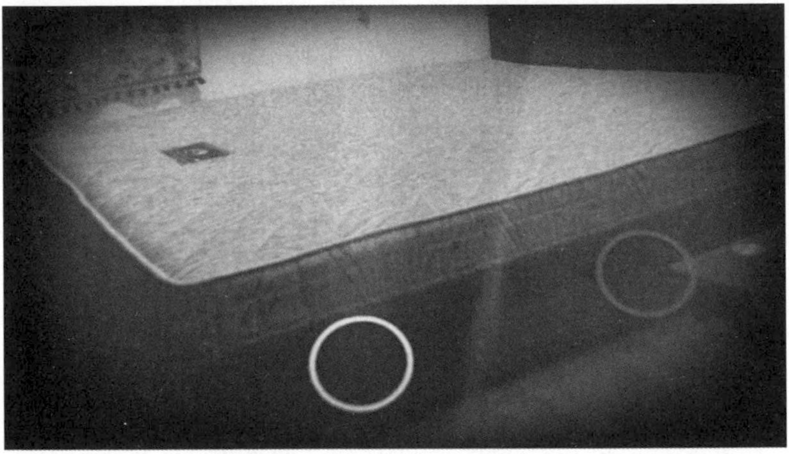

因為妯娌不和，鄒雅婷曾在緗緗母親懷孕期間 ，在床邊偷釘釘子 意圖使她受傷。

想讓我流產吧。」陳美蓁也向媒體證實有這一件事，只不過民俗上尖銳的東西對孕婦來說，幾乎都是大禁忌，床板上釘釘子這種行為，更可以讓民俗老師們講上半個小時。

「她的動作都是，小孩子被罵一次就釘一根，我問她說那你知不知道有一種習俗，釘釘子有一種習俗要讓人家流產嗎？她說她不知道。」鄒雅婷委任律師周武榮轉述，她並無讓人流產的詛咒意圖。

接下來幾次事件，更讓鄒雅婷開始無法控制怒火，因為她孩子的房間與陳美蓁相鄰，小朋友吵鬧雖然難免，不過陳美蓁曾多次喝斥她的孩子不要吵，還強硬要她們孩子離開房間。鄒雅婷認為孩子遭受這樣辱罵，無法接受，遂把報復的怒火發洩到無辜的緗緗身上。

「有一次她婆婆要去餵食這個小孩，緗緗的媽媽不同意，然後婆婆有說『人家好野人千金囝（台語：略指嘲諷有錢人身體嬌貴）』，我們不要給人家餵。」律師周武榮轉述緗緗母親的行徑。

「在我們女兒緗緗常常感冒期間，大嫂的小孩有進來房間要看妹妹，或許我的態度比較不好，請他們出去，可是我也是站在一個母親的立場。」緗緗母親解釋道，一次鄒雅婷自己感冒卻跑來抱緗緗，隔天緗緗立刻就感染發燒住院，因此她對女兒的保護，是來自這樣的經驗。

但鄒雅婷可不這樣想，直覺陳美蓁才是破壞家庭和諧的那個人，二〇一三年九月八日晚上八點，她趁著緗緗母親出門送彌月蛋糕的時候，偷偷在奶粉裡加了一手掌的海鹽，為了掩人耳目還用杓子攪拌均勻，緗緗很快就出現發燒狀況送醫住院，可怕的是護理人員在不知情的情況下，繼續餵了緗緗那罐**鹽奶粉**，這次緗緗住院二十五天才康復。

沒想到緗緗才剛出院，鄒雅婷又趁著四下無人故技重施，對第二罐開封的奶粉再度加入一手掌的海鹽，緗緗再度住院，仍舊被護理人員跟不知情的母親，將第二罐鹽奶粉**餵完**，這次住院五天。開了第三罐奶粉後，鄒雅婷像是食髓知味，一方面打聽孩子的狀況，感覺不嚴重就繼續加入海鹽進去，又讓緗緗就醫一次。

直到十月十五日，緗緗母親再度喝斥鄒雅婷的子女，原本已經摻有海鹽的第三罐奶粉，她憤而再加入一手掌海鹽，並混入一手掌大的精鹽，緗緗因此住院洗腎喪命，而這罐奶粉最後確定的鈉含量，高達七三一七．九七八毫克／一〇〇克。然而檢察官連日的監聽，卻聽到她跟婆婆間一些微妙的對話，鄒雅婷的認罪似乎沒那麼單純。

「可能就是針對給她家人的交代，就是說她可能就身體不好，因為身體不好為了顧及家庭的和諧，所以她願意就去做承認的動作。」承辦檢察官鄧定強表示。

「先生跟婆婆一直不相信是她放的，他們認為說是不是她為了要解決『家裡的問題』，

所以才會在檢察官詢問的時候認罪。那妳自己也身為人母，妳怎麼可以把這樣的事情，做在一個小孩子身上，所以她崩潰了。她說如果她知道放鹽巴，小孩子會死的話，她寧願替她去死。」鄒雅婷的委任律師周武榮，也在媒體前轉述檢察官的懷疑。

突然之間鄒雅婷的殺人動機好像有點動搖，甚至傳出有**頂罪**的疑雲，而她所謂的身體不好，是懷疑自己得了胃癌，被醫生判死來日無多，還說要保護**那個人**，究竟有沒有共犯，真兇又是誰再度引發話題，北檢只得一次又一次約詢家人，交叉比對證詞。

最後十二月二十六日北檢認定鄒雅婷一人犯案，以殺人罪將她起訴。

涉嫌在奶粉不斷加鹽巴，害死女嬰的大伯母鄒雅婷。

「可以預見嬰兒體內累積高血鈉，將危害其生命，竟然先後高達四次將含有高鈉的食鹽，摻入被害人所食用的奶粉當中，承辦檢察官因此認定被告是基於殺人的犯意而為。」北檢發言人黃謀信再次登場，說明鄒雅婷放出胃癌假消息，說自己有幻聽，以及說出要保護的「那個人」是刻意誤導，被認為毫無悔意繼續收押。

「她現在要跟我道歉，我不知道她哪一句話是真的，她跟我說對不起，我真的好害怕喔！我不知道什麼叫原諒欸！因為我原諒她，我要從哪邊開始原諒她。」緗緗母親得知事情真相後，也一反過去包容態度。

「鄒雅婷就誤會說，是不是美蓁要對她小孩不利，所以去把她小孩的衣服弄破，去把她的娃娃給丟到外面去，所以她心裡很恐懼。」鄒雅婷委任律師周武榮，解釋當時她犯案時的心境。

其實鄒雅婷丈夫失業，又生病倒下一度命危，緊接著兒子也生病，她一個人扛起家計拚命工作壓力可想而知，因此將所有的不如意，似乎都怪罪到了陳美蓁的身上，甚至手機裡被檢察官發現存有一篇「**做女人、嘴要甜、心要狠**」的網路文章，從家人之間的說法比較，鄒雅婷還曾向陳美蓁故意透露，妳老公在外面有標到五十萬的會，想藉此挑撥他們夫妻間的關係。

「**我和鄒雅婷聊天時，都她跟我講家中成員誰怎樣誰怎樣，因為我對她們家不瞭解，我都是聽而已。我事後問丈夫才知道她都加油添醋。鄒雅婷向我反應家中成員的事，就是指有人說她都不幫忙做家事，也不帶小孩之類的。**」陳美蓁在接受偵訊的時候也說白了，她嫁過來後跟家人互動不多，不是上班工作就是在自己房間陪伴緗緗，跟鄒雅婷互動自然也不多。

二〇一四年十月二十八日台北地方法院一審宣判，法官認為鄒雅婷沒有殺人動機，改以成年人故意對兒童犯傷害致人於死罪，重判二十年有期徒刑。

「**鄒雅婷不用理性的方式，來化解她們妯娌之間的心結，竟然用這種持續加鹽在女嬰奶粉的方式，導致毫無抵抗能力的新生兒喪命，所為完全無法引起一般人的同情，因此量處有期徒刑二十年。**」時任台北地院庭長賴劍毅，解釋妯娌之間根本就沒有深仇大恨，也沒有所謂公婆偏心等等吃瓜劇情，只是她一人的猜疑不滿，就鑄下大錯。

律師周武榮回憶跟鄒雅婷的相處。「**她是一個很能忍，我跟她互動裡面，我覺得她就是**

一個沒有情緒的人，無法感受到她的憤怒，就是她什麼都會吞進去，可能是因為她的工作的關係，她是一個作業員，是工廠的女工，尤其是那個時候她的先生又得了猛爆性肝炎，還差點死掉。她婆婆也去世了，她婆婆我覺得是因為這件事件，整個心力交瘁，然後在案件判決之前就去世了。」

二〇一五年四月三十日，最高法院駁回了鄒雅婷的上訴，維持有期徒刑二十年的判決，全案定讞。

後記

「有比較就會有了計較，那假如要有和平的關係，那就請用公平的方式相處，那她不單純只有妯娌兩個人之間，可能是還有跟其他家人，比如說婆婆或是先生。」晚晴婦女協會沈淑娟對這起妯娌問題提出見解。

鄒雅婷在種種現實壓力之下，似乎找不到一塊浮木讓她喘口氣，錯把報復當成一種壓力的宣洩，更自己幻想一切家庭的不如意，都是陳美蓁進入這個家庭後，攪亂了一池春水，甚至放縱這樣的意念，無限擴大怪到無辜的小女嬰身上。孰不知這全是她一人的妄想，更一口氣毀壞了三個家庭的幸福。

然而細讀完整個案件後，令人細思極恐的是，鄒雅婷在投放鹽巴後得知緗緗住院，還會佯作關心詢問陳美蓁孩子的病況，認為這一點點**惡作劇**並沒有傷害到孩子，甚至沒有達到讓孩子**拉肚子**的目標。隨著一次又一次地下鹽，難以想像四下無人的客廳裡，鄒雅婷的表情究竟有多麼冷血，是不是甚至沒把緗緗當成一個「人」來看待呢？難道她真的沒有要害死緗緗的動機嗎？

這恐怕往往比男人直接用暴力殺人，更讓人發毛發寒。

「一個女人會猜疑，其實也代表她自己覺得自己被期待吧，一種心裡面不知不覺的自我暗示。」美國友人給了此案這樣一個註解。

＊故事收錄在《老Z調查線48》

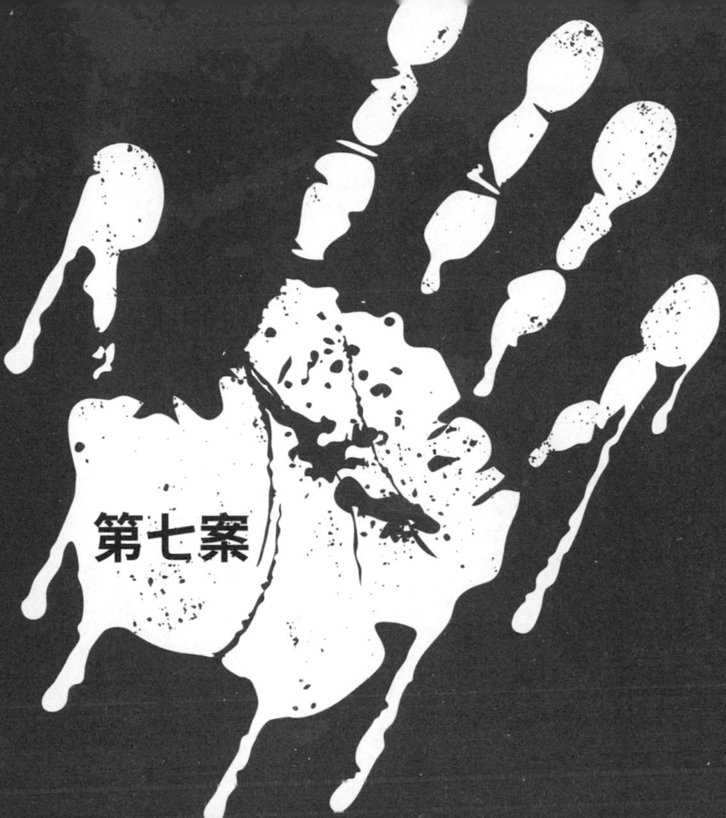

第七案

除夕滅門案——法院認證的最惡殺人犯

撰寫這篇稿子的時候，已經接近農曆新年，每每到這個時期就會想起這個事件，在家家圍爐溫馨的時刻，居然會出現毀滅全家的恐怖逆子。而與其說是逆子，主嫌帶給社會的觀感不外乎是「瘋子」、「反社會人格」，恐怖的是那幾年類似這樣瘋子的言論，屢屢帶給台灣社會不小的震撼。

在台灣死刑已經名存實亡，前法務部長王清峰也明白說出，這是為了符合「**國際潮流**」，只是被害者家屬的悲痛，以及社會集體所受到的心理創傷，往往不是加害者的可教化，就能夠撫平，而是一滴滴不平與憤怒，累積在社會的每一個角落。

而這個案子是目前（二〇二四年）中華民國司法制度下，最後一個執行死刑的死囚，還留下一個紀錄是鄉民最常使用的一個詞，

「法院認證」的最惡殺人犯。

Clues 1

震撼農曆年

時間回到二〇一六年，這一年從年初就大事不斷，一月中總統大選剛結束，緊接著就是忙到昏天黑地的婚禮（我的），那一天全台灣人肯定記憶猶新，就是**霸王寒流**降臨台灣，連台北都冷到下雪的那一年，很巧的我就在下雪那天與妻子步上紅毯，雪白色婚禮很美很浪漫但也很冷，緊接著兩個星期後就是農曆除夕了。

電視台過年還是要播新聞的，所以不管哪個中心都得分配上班的人力，分梯次填滿除夕到初六的人力，通常黃金時段除夕到初五，都會讓給來自中南部北漂的同事，台北人因為返家方便就得乖乖上班。而當時我是社會中心的副主管，得去補上這期間的採訪中心主管的缺，而除夕這天小夜班是完全沒人自願的，每年都得抽籤決定，然後我就**很賽**地抽中了。（其實我連續抽中三年除夕夜值班，這是第一年，**真的很賽**。）

二月六日小年夜凌晨三點五十七分，高雄美濃發生**芮氏規模六・六**的大地震，台南永康維冠大樓倒塌，還有許多恐怖災情蔓延南台灣，本應該沒有其他新聞能夠搶占社會新聞版面，誰也想不到隔天晚上除夕，居然還能驚動各台SNG前往。我原本要準備下班回家吃團圓飯（隔夜的），因為已經連上六天班還遇上大地震，加上新婚的我首次要帶妻子回娘家團圓，長官鑑於種種考量准我放**三天年假**，之後也要南下支援震災前線，卻在晚間八點，接到桃園駐地記者的緊急來電。

「長官跟你稟報，龍潭那邊有人趁圍爐的時候縱火，死了很多人，我先趕過去！」

掛上電話我心涼了一半，趕緊派文字攝影記者跟SNG去現場連線，另一方面默默敲著LINE，跟懷孕老婆報備她在婆家的首次圍爐，恐怕得一個人度過的心理準備。

過沒多久處理新聞的大群組中，就見到駐地傳來的現場畫面，一棟門口貼滿紅色磁磚的三樓透天厝，竄出大量的火光，火勢從一樓蔓延到了二樓，消防員緊急拉水線灌救火勢，同時也傳來震撼的訊息，

「目前初估五人當場死亡，六人重傷，有人被燒到骨頭炭化，縱火嫌犯跑了，是家裡的小兒子！」

各台新聞快訊跑馬都發布了這個訊息，替台南悲傷的震災外，再添一筆不幸的新聞，這個年有多少人無法好好團圓，心中不禁感嘆，但到底怎麼會縱火的。

「我們吃飯吃到一半，聞到汽油味，你知道嗎，有叫他來吃飯他沒來啦，『什麼人沒

來？』就是小弟，縱火的那個！」遭放火翁家的大哥**翁仁焜**，包著藍色毛巾，臉上沾滿火場飄散的炭粉，忿忿不平地說著。

「之前就覺得爸爸媽媽對他不好，有在台中上班，有在高雄上班的人，他們回來家裡過年，他就說我們都在外面享福。」翁家大哥短短幾句訪問，似乎已經透露一些么弟縱火的動機。

Clues

2 圍爐變滅門

案發地點在龍潭中豐路，翁家好幾代都是務農維生，這一代有七個兄弟姊妹，遭放火的透天厝蓋得非常狹長，二樓側邊窗戶一排過去也是七個窗戶，明顯是居住的七個房間。被縱火的地點是在一樓的飯廳，一家人含看護一共十七個人圍著桌子坐，只留有一個出口的走道呈現**ㄇ字型**，可以想像是多麼擁擠的狀態。

七點五十分翁仁焜大哥等六人，突然聞到外頭有濃濃的汽油味，走到外面查看發現他們的車子的引擎蓋上，居然被人潑灑了汽油，正在不明所以的時候，縱火的小兒子**翁仁賢**，帶著背包從二樓房間下樓站在飯廳唯一出口，直接拿一桶裝滿汽油的油漆桶，就朝正在吃飯的一家老小身上潑過去，並拿出了一卷報紙用打火機點燃，朝眾人丟了過去，狹窄的飯廳頓時陷入火海。

此時外頭的翁仁焜等兄弟聽到慘叫，才發現情況不對，其中一名姪女翁宇薇全身是火地衝出來，眾人想要趕緊幫她把火拍熄卻拍不掉，反而一點火星飄到汽車引擎蓋上，導致車子也燒起來；此時二哥兒子翁茂濬想從正門衝進去救人，撞見小叔翁仁賢要跑出來，整個狀況外的翁茂濬突然被他一拳打中，接著小叔翁仁賢居然亮出**開山刀**作勢追砍，他連忙拔腿往回跑出屋外逃命。

「**再跑嘛！等我回來啊！**」翁仁賢對著竄逃的家人大喊著，接著跳上機車逃逸無蹤。

消防局緊急撲滅火勢後清理現場，發現翁家兩位八十四歲的老父老母，二哥妻子張佳滿、姪子以及看護程素津完全無法躲避，慘遭烈焰吞噬，全身嚴重燒傷，甚至局部肌肉骨骼**炭化**，連肺臟腸子都跑出來，**五人當場慘死**；而其他人雖勉強逃生，也都遭火焰嚴重灼傷，其中姪女翁宇薇全身百分之九十，二至三度燒傷，隔天仍然急性腎衰竭併發敗血性休克不治，這起圍爐慘案共造成六人死亡、五人重傷。

警方到場採證，發現翁仁賢的房間牆上寫著「**坑人很爽、等我回來**」。是用紅色噴漆所寫的潦草字眼，爽字還一度寫錯用噴漆塗改。

「**之前就覺得爸爸媽媽對他不好，我們都在外面享福，說家裡的事情都丟給他，其實哪有什麼事，都是我們在替他擦屁股！**」翁家大哥談到這個弟弟，眼神充滿著不屑，而左鄰右舍聊起翁仁賢，似乎沒有吸毒喝酒等惡習，但**思想比較偏激**。

「**我二哥跟三哥兩個都讀建國中學，我是覺得兩個哥哥表現太好了，『給弟弟壓力？』**

對。」翁家的女兒向媒體表示，弟弟對這個家庭有太多的怨恨，來自彼此成就的差異太大，認為都是父母跟兄姊們的不公平對待。

「**就是家產的問題啦！他們很多地，那邊都是他們的。**」翁家鄰居推測縱火的原因，很可能是這個敗家子分不到錢。

「**婚姻他也反對啦，還有什麼好像祖產，跟他講也講不聽，他個性很強。**」翁家的親戚也補充道。

由於案發現場附近都是農田，毫無監視器可追，加上翁仁賢騎的是機車，要調閱所有畫面得花不少時間，警方於是公布了他的照片並發布通緝。案發五天後二月十二日，有民眾在台七線北橫公路五十一公里處，看到一名男子雙手纏著繃帶，滿臉都是燒傷的痕跡，雙腳也

事發透天厝，被潑油的飯廳在最後方位置。

沒有穿鞋子，就這樣搖搖晃晃走在路上，凶狠模樣甚是恐怖，感覺他應該就是龍潭縱火案的兇手，連忙通報警方到場，果然就是在逃的翁仁賢，他還一度拒捕與警方推擠扭打，但終究敵不過警力，被押回桃園偵訊。恐怖的是他還冷冷地問警方：

「家裡最後燒死了幾個人？」

翁仁賢向警方自豪曾是**憲兵特勤隊退伍**的，熟知野外生存技巧，說原本有自信躲一個月不被發現，是因為在野溪上看到自己倒映的臉，驚覺自己幾乎毀容，才會心情不好到台七線上閒晃。

翁仁賢犯案前在房間牆壁噴漆，坑人很爽、等我回來等字樣。

Clues

3 反撲的逆子

「『你會不會後悔？你完全沒有悔意？』沒有。」

翁仁賢面對媒體，完全沒有低頭懺悔或覺得丟臉的樣子，反而是雙眼往前瞪，一臉冷漠回答記者提問，那滿臉恐怖的燒傷中隱約看得出來，他的確是露出詭異的**滿意微笑**。由於他傷勢嚴重，先被警方帶去醫院治療，偵訊後隨即以殺人罪嫌，收押進看守所。

翁仁賢在偵訊時不斷埋怨，這家人對他不公平，從小到大積怨甚深，才會想要放火洩恨。忍了四十幾年，家人怎麼會這麼壞、這麼無恥。

「你們這些人，都期待別人去當英雄，好讓你們可以在後面過得輕鬆。」

他認為自己是這個家裡付出最多的，得到的卻是最少，從小沒有感覺到什麼父愛母愛，他的付出都沒有人看到，所以這幾十年來所受到的痛苦，也要讓這些人感受一下，潑汽油是想讓他們受傷，死亡並不可怕，可怕的是後續的治療，要讓他們**生不如死**。要讓家人知道一個既沒吸毒、又不喝酒的人會做出這種事，讓他們明白究竟是如何虐待他的，即使所有人都被燒死，他也不會介意。

「他們都用讀書來巴結父母，讀完書所有人就離開家裡，高中之前家裡只有我一個男丁，所有麻煩跟辛苦事都是我來擋。」

翁仁賢字字句句都是怨毒家人，讀建中跟大學的哥哥們，什麼苦差事體力活都不用做，換個燈泡就有人稱讚，連被燒死的姪子姪女，優秀到都是醫學系的學生，並且已經在當實習醫生，他認為家人是折磨他的一部分，還細數許多家人對他的惡行，偵訊彷彿變成了抱怨大會。

像是他曾帶了一株很漂亮的孤挺花，十年來才分出了六株，有一天隔壁房子要遷店，父親竟然跟隔壁不認識的人說，這花踩了沒關係；或是他曾在池塘邊種了一排日本大蔥，結果四哥開車直接全部輾壞，頭也不回地走掉，甚至還曾把他辛苦種的百香果樹給砍掉。而大哥身為長孫，分得了上億元的土地還不滿足，經常找他麻煩諸如此類等等，判決書中記載光是他抱怨家人的部分，多到幾乎難以下嚥，另一方面也看得出來，翁仁賢相當記仇，每件小事都記得清清楚楚。

簡單來說，翁仁賢認為自己成績不好、個性孤僻，經常被優秀的哥哥姐姐們欺壓，跟鄰居小孩玩也會被羞辱，因此他的好朋友是小雞跟小鴨。原本他從小志願是開一間牧場跟農場，高中志願填了龍潭農工畜牧獸醫科，卻被家人更改了志願，才會去念汽車修護科畢業，之後就沒再升學。

畢業後他陸續到十四間公司上班，卻經常跟老闆意見不和吵架，做最久的只有一年十個月，最短的連一個月都不到就離職。一九九八年後就沒有再找正式職業。後面父母跟兄弟姊妹都曾金援他創業，但只要碰到挫折跟不愉快就丟下不做，最後回到老家協助務農，到現在人生會一蹋糊塗，全部都是家裡的人虧欠他。

甚至連母親他也不叫媽媽，直呼她「**老查某**」。

二〇〇三年有一段時間他靠養狗賣狗維生，自稱一隻血統優良的冠軍吉娃娃被人撞死，為了打官司他居然將狗冷凍在自家冰箱，詭異的行為當年還曾上過新聞。

「狗既然撞到了，至少說句對不起、不好意思嘛，是不是？這樣不就是大家各退一步這樣可以解決，為什麼要擺著一副，你又沒有看到我撞到你的狗，你又沒有什麼證明，是不是說你那隻狗又沒有血統書或是你沒有植入晶片。第一個我是覺得說，因為法官來講必須要一個憑證存在，第二個我是覺得這個事情必須有個處理，我給這隻狗一個交代。」

當年翁仁賢的身形非常消瘦，但講話態度跟怨恨眼神，跟落網時的他已經有幾分相似，他自己也透露想殺家人四五年了，會選在除夕是因為人比較多，當中只有對無辜的看護程素津之死，覺得她也是苦命人，害到她感到抱歉而已。

「本案有二位直系血親與四位無辜者喪生，我覺得應該是要從死刑開始起跳才對，怎麼會是無期徒刑起跳呢，難道不論一個人多麼的罪大惡極，也不會被處死刑嗎？」在偵查庭上大言不慚地嗆檢察官求刑太輕，居然是翁仁賢本人，還恨不得自己立即被槍決。

「放火燒死父母等至親，可以說是喪盡天良，而且被告犯後毫無悔意，仍怨天尤人認為家人都應該死，檢察官認為已經沒有教化的可能。」二〇一六年四月七日，桃園地檢署將他以殺人罪起訴，並**求處極刑**。

Clues

4 狂妄的開庭

從這些跡象判斷，翁仁賢很愛怨天尤人、缺乏同理心、自戀且狂妄，他向法官表示要放棄上訴的權利，希望法官早點判死，他很好奇人死後是不是還有靈魂。當法官問他是否有意願談民事賠償的時候，還會嗆法官「不要再浪費時間了」。

翁家大姊出庭表示，她曾經試著去開導這個弟弟，但是他無法被開導；另一名姊姊則說，翁仁賢愛鑽牛角尖又鑽不出來，父母親對大家都很關愛，他只是不願意被疼的那一個；哥哥說他脾氣火爆，總是把小事情無限放大，只要不合他的意就看不順眼；就連姪子姪女也當他是不定時炸彈，沒有人跟他親近。

「**家人死亡我不會難過，因為家人會坑人、害人、整人；我家人因為我放火而死亡，我不會感到難過，更不會感到對不起他們。**」翁仁賢在法庭上一路不展現悔意，甚至詢問其他證人期不期待被告道歉，翁仁賢隨即大喊「**抗議！不要給我講這句話。**」其他家人庭上好言相勸，他也是「**少再跟我說這些噁心巴拉的話**」這樣回答。

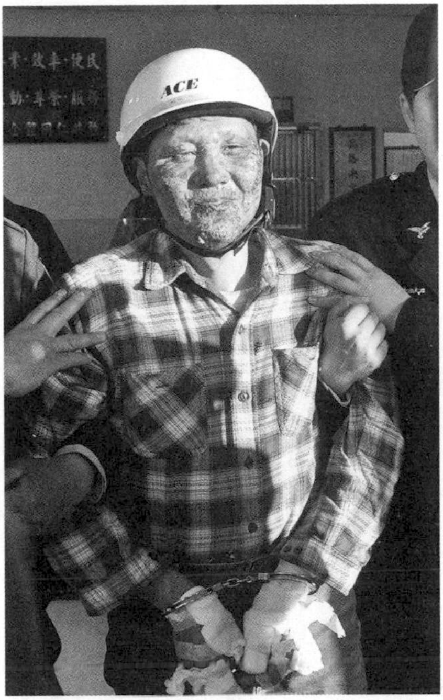

落網的翁仁賢臉上布滿著火傷勢， 卻一臉
滿足笑容 ，還冷血問警方死了幾個。

出庭的翁仁賢看到媒體狂比中指，接著露出笑容問記者 我帥嗎 ？

「我只聽到他說，要追殺我的靈魂而已啊，他這樣講……不是恐嚇嗎？這不就是殺人嗎？這言語的恐嚇啊！嚴重的言語恐嚇，我強詞地反駁，像這種有需要再做精神鑑定嗎？他的辯護律師口口聲聲還說要做精神鑑定，根本對我們這個被害者的家屬，更是一次嚴重的刺激，又是打擊。」翁家大哥翁仁焜在法庭外受訪，對於辯護律師想方設法讓翁仁賢逃死，很不以為意。

「『害死爸媽竟然還會笑！』他表現出來就是要給人家感覺他是很『那個』……我當然不能接受！」翁家四哥頭上套著燒燙傷專用的壓力衣，甚至看不出他說話的表情，燒燙傷的復健之路漫長，人生幾乎毀了一半，也堅持要讓這個弟弟判死刑。

一二審法院認為翁仁賢**沒有教化可能**，判處死刑，但律師仍然上訴，更一審出庭他再度出現在鏡頭前，做了震撼社會的舉動。

他開完庭後走下高等法院的階梯，凶狠瞪著所有媒體，被銬上手銬的雙手，用力比出**兩個中指**，隨即被一旁的法警拉下雙手制止，接著他表情一變露出滿意微笑。

「我帥嗎？」在場媒體一片呀然，沒有人問話，下次開庭記者這次問話了。

「你還是一樣拒絕道歉嗎？」翁仁賢聽到這句話，突然眉頭緊皺大力搖著頭。

「『上次為什麼要嗆法官？』滾遠一點吧！」

翁仁賢似乎對於遲遲沒有定讞似乎相當不耐煩，更一審開始便開始**加強**無悔意的力道，在庭上不斷嗆法官。更一審延押庭召開時，法警一如往常先喊起立，翁仁賢卻故意賴坐在地上唱反調，還嗆法官「**你不夠資格！**」後續開庭還全程閉眼拒答，甚至大譏**恐龍法官、丟人現眼、胡說八道、Fxxk You**等等行徑，讓資深承辦法官曾德水都忍不住直言：

「**當法官四十二年來沒看過如此惡劣的人！**」

「**如果……人可以輪迴幾十次，我就在上面等。你們如果覺得你們對的話，可以，我就追殺你們幾十次（大聲）。**」翁仁賢在庭上對著翁家四哥怒吼著，囂張的舉動，倖存的翁家人無一不激動、憤怒，當庭痛批他禽獸不如人神共憤。

「**殺死爸爸媽媽好幾個親人，六個人還不判死刑，這個還有天理嗎？最至親的人你可以把他殺死了，這還有什麼辯護的餘地。罪證已經很確鑿，那為什麼要一直再拖，對我們家屬每一次的開庭，又是一次的煎熬又要面對那場景。**」翁仁焜庭外憤怒受訪，卻也無奈司法審判究竟要拖到何時。

二〇一九年二月二十日翁仁賢三度判死，五個月後遭最高院自為判決，維持死刑三審定讞，成為中華民國史上**倒數第二名死刑犯（二〇二四年為止）**。

「**被告泯滅人性惡行重大，非處以死刑顯然難以導正教化。**」時任高院發言人連育群，說出了歷史性的一段話。

Clues

5 愚人節的槍聲

二〇二〇年COVID-19疫情席捲全球，三月台灣也遭病毒突破開始出現大量病例，四月一日愚人節這天，法務部長蔡清祥突然批准了死刑令，讓翁仁賢走上刑場。

而翁仁賢得知自己要被帶往槍決的時候，情緒變得十分緊張，躲在舍房內不敢出來，最後被拖出牢房押上刑場，還一度拒絕打麻藥，狂妄說鄭捷怕痛他可不怕，要好好享受死亡的過程，但最後在勸說下還是打了麻藥，臨死前留下的遺言依舊是對家人的詛咒。

「這事沒完，要好好的保重身體，等我再追殺你們幾次輪迴！」

晚間八點三十八分台北看守所傳出槍響，但檢察官發現他沒斷氣，三十九分再補第二槍，四十分確認死亡，享年五十四歲，結束罪惡一生。而翁家人拒絕領回他的遺體。

「我們已經沒有辦法把他認做家人，所以我們認為這個就是，就應該是這樣子的情形啦，我為這個失去子女，所以我對他沒有任何期待，也沒有任何家人的感覺。」翁家三哥無奈回應媒體。

翁仁賢成了治安史上第二個沒人收屍的死囚[1]，也是最後一個伏法的惡人。

後記

獄中曾經輔導他幾次的知名**教誨師黃明鎮**，曾講述翁仁賢小時候，曾被要求獨自照顧母豬生產，在親眼目睹小豬落地後動也不動的狀況，疑似讓他小小的心靈受了傷，而這個傷痛未被發現，沒有受到治癒，所以他將自己定位為**受害者**，之後一點點累積，才會演變為六死滅門慘劇。

前陣子我拜讀了兩本**日本更生專家岡本茂樹**的書籍《教出殺人犯》，以他個人的輔導經驗，歸納出童年教育與家庭的關係，很可能在寂寞和壓力下，讓一個**好孩子**最後成了一名殺人犯。因為傳統教育的許多觀念，逼著孩子做出表面的「好行為」獲得稱讚，卻失去與孩子心靈連結的機會，那小小扭曲的心智萌芽之後，爆發結局往往震撼社會，比如前面我們深入探討過的台大宅王吻屍案。

而翁仁賢在審理中做的精神鑑定，被診斷出疑似有亞斯伯格以及自閉自戀的傾向，忙於工作的以及家務的父母，更無法有時間去理解孩子，更何況他們還是有七個兄弟姊妹的大家庭，生為么子的他更容易被忽略。

接觸過這麼多案件，我始終認為社會與家庭結構性的問題，常常是這些殺人念頭萌生的溫床，卻難以思考出有效的解決方式，身為人父後要實行學者提出的種種教育方式，也感受到真的有相當難度。然而社會中大多數的人也都處在相同環境，只有少數人會走上了極端，他們或許不是異類，可能只是內心孤獨寂寞，獨自承受累積的壓力，終以最可怕方式爆發罷了。（另一個案見本書**第十案中山站隨殺——被拋棄的社會邊緣人**。）

如果能有一個人好好聽他們的心聲，或許就能接住他們了。

＊故事收錄在《老Z調查線16》

1　第一個沒人收屍的死刑犯，是陳瑞欽為了詐保及牟取錢財，陸續策畫謀殺二妻、三子、一女友等六名親友，還疑似涉嫌謀殺另兩名女性友人，共計八條人命。二〇一三年四月十九日，陳瑞欽於台中監獄附設刑場槍決伏法，遭家屬拒絕領回屍體。

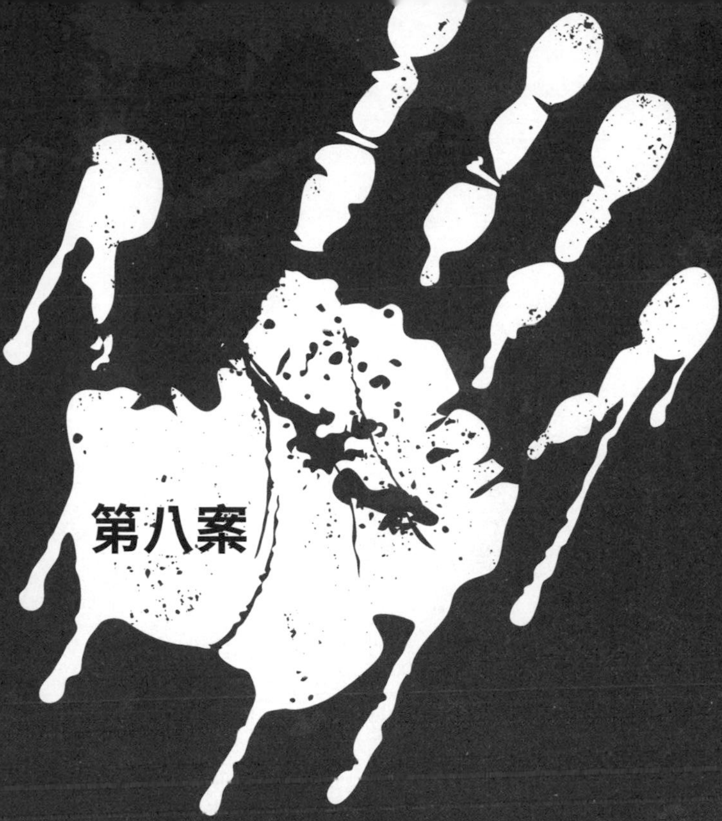

第八案

乳姑山情殺——
上流階級的殺人祕密

台灣八點檔也就是所謂的鄉土劇，每一檔都可以拍個幾百集，內容設定雷同，都是有錢人間的勾心鬥角，叔伯親侄之間的愛恨情仇、財產糾紛。只是為什麼會如此受歡迎呢？一部分來自對上流社會的窺探，一部分又認為有錢能使鬼推磨，利慾薰心的劇情往往能有警世作用，甚至觀眾會把角色當成朋友一般看待，彼此討論著欣賞著誰、討厭著誰。

而裡頭偶爾也會出現密謀殺人的劇情，工於心計的富人，為了保有自己的財產地位，不惜掩埋一切祕密，就為了能夠順風順水，但總有一個契機讓命案露出曙光。

這是劇情設定太狗血嗎？非也，許多偵辦刑案的警察身上多少都有一兩件，**無法解釋的巧合**，總在一些奇怪的地方發現關鍵線索，或者平常幾乎不會有人到的地方，突然有些契機將人引導過去，這類的故事多少帶點靈異色彩，但的確也很難用科學去解釋。

但轉述這類故事的刑警總是感嘆，不是要人深信鬼神之說，而是**歹路不要走**。

Clues

1 詭墜的滑翔機

桃園縣的乳姑山，坐落龍潭與楊梅的交界，是非常知名的觀光景點，標高三百九十公尺的山峰，圓滑緩升風景秀麗，形狀被說是類似女性的乳房，當地客家人便替山取了相當擬人化的地名。加上天氣好的時候，甚至能看見台北１０１的夢幻夜景，成了許多情侶約會告白的浪漫場所，即便白天也能欣賞茶園夕陽美景，特別的是還吸引了不少**遙控滑翔機**的玩家。

其實正式名稱是**無動力遙控斜坡滑翔機**，是透過人力投擲跟上升氣流的配合，再利用遙控機翼的操作，讓這輕盈的木質滑翔機在山坡間翺翔，風大空曠的山坡邊就是玩家的聖地，墾丁龍磐公園也辦過競賽，只是二〇一九年傳出有砸死人的意外。

時間回到二〇一四年十月七日，這天天氣不錯，午餐過後有許多滑翔機**飛友**相約聚會，但奇怪的是某個人的飛機，頻頻失控墜機。更詭異的，幾乎都掉在差不多的地方，如果飛機沒有操作好掉在不好撿的地方，深入草叢山林也是挺麻煩。

下午兩點半，這位飛友大約**墜機**好幾次後，再次深入高聳的芒草間撿飛機，卻傳來了驚呼的聲音。

「**這裡有一根骨頭！**」

其他玩家似乎也挺好奇，紛紛湊過去看，只見到一根骨頭長度類似大腿的部位，從土裡面**冒出來**，顯然這土裡面埋著一具屍骨，但這裡可不是什麼亂葬崗公墓，讓人感覺發毛，眾人趕緊連絡警察到場。

警方到場拉起封鎖線後，果然這裡是一處**屍坑**，詭異的是周遭都是高聳芒草，卻唯獨這裡是光禿禿一小塊，而且土壤還發黑，相鄰的雜草全部枯黃，像是冤魂死不瞑目的詭異樣態。

「**有一樁不明不白的冤屈在這邊，祂就會想辦法指引人家去，發現這一具白骨。**」新聞爆發後，有民俗專家這樣解釋著。

「**裸露出來是類似大腿骨，可能是雨水沖刷的關係而露出來。**」龍潭分局偵查隊長楊昌佑，則是用科學的角度來解釋。

警方挖掘出來是一具完整屍體，仰躺狀態被埋在土裡，已經風乾死亡多時，奇妙的是依照經驗，死亡這麼久的屍骨，應該不太會有所謂的屍臭味，但現場一挖開淺淺的屍坑卻飄散出濃濃的惡臭，在場員警解釋這可能是**怨氣**。

從身形大小跟殘存的頭髮來看，死者是一名女性，但全身赤裸沒有可判別身分的東西，不過她的下顎嚴重歪斜，呈現不規則的開合狀態，頭顱骨有被鈍器所傷的痕跡，有經驗的鑑識小組很快就確定，死者是遭人勒斃埋屍。不過經過DNA鑑定比對，警方資料庫並沒有跑出結果，足以辨識身分的，只有缺牙補牙以及裝假牙等特徵，警方立即發布協尋專刊，希望家屬能出面認屍。

兇手刻意讓死者赤裸，似乎也清楚警方辦案的技巧。

「本分局於一〇三年（二〇一四年）十月七日十五時於龍潭鄉乳姑山山坡地發現一付白骨。女性、年齡約三十五至六十歲、身高約一百五十五公分、體型瘦小、留中短髮，染有黃褐色頭髮，長約三十公分，牙齒特徵如下。」

兩張土黃色的上下顎照片，成了警方唯一的線索，如果都沒有家屬出面，最後也只能當無名屍處理。而警方也察覺死者恐怕不是自然死亡，主動出擊找尋桃園新竹的牙科診所，有沒有符合的診斷紀錄。人類的生物特徵，常聽到用指紋跟DNA比對，其實在早年沒有這些高科技之前，牙齒也是警方尋人的可靠方式之一。像是逆女蔡京京將母親丟到海裡，也是靠著牙齒確認了死者身分，但花了不少的時間。

原本媒體外傳是龍潭一名離奇失蹤的貴婦，加上她的千萬存款被盜領一空，很符合謀財害命的假設，不過經過ＤＮＡ的鑑定，排除了這個推測。

而這個白骨案冥冥之中似乎有股助力，兩天後警方就在中壢一間牙醫診所，順利找到了相符的病例。

遙控飛機玩家無故墜機，恰巧掉落在屍坑旁 ，周遭寸草不生。

龍潭分局協尋專刊

本分局於 103 年 10 月 7 日 15 時許於龍潭鄉乳姑山山坡地發現一付白骨。

女性、年齡約 35 至 60 歲、身高約 155 公分、體型瘦小、留中短髮，染有黃褐色頭髮，長約 30 公分，牙齒特徵如下：

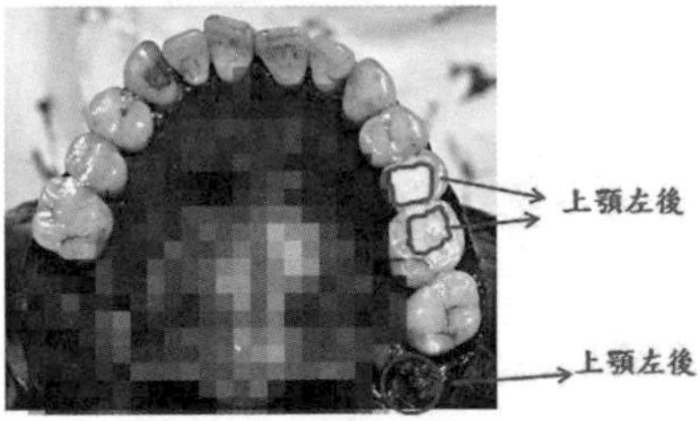

龍潭分局協尋專刊，靠著牙齒特徵找出死者曾美蘭身分。

Clues

2 冷漠的丈夫

「只有牙齒有特徵、DNA的雙重比對，確認死者是一位四十歲的曾姓女子。」偵查隊長再次向媒體宣布進一步的偵辦進度，表情顯得輕鬆許多。

死者是住在龍潭的**曾美蘭**，從照片上來看是相當有氣質的美魔女，附近學校跟工商會對她並不陌生，因為曾美蘭是**獅子會**的成員，經常出席大小活動，但丈夫表示她已經**失聯了兩個多月**，而丈夫的態度讓警方起了疑心。

原來警方當初能這麼順利找到牙醫，是因為清查失蹤人口的時候，打給了曾美蘭的丈夫，沒想到他劈頭就是一句。

「你們是不是要問乳姑山那個女死者的身分？」

「你們不用問了，那個就是我太太阿蘭。」

「你怎麼會確定死者就是你太太？」電話哪頭的警員聲音顯得相當訝異，只是丈夫卻說不出個所以然，似乎用直覺猜測。

他向警方解釋，太太有一個外遇對象，經常**侵門踏戶**直接來家裡找太太，兩人經常外出去玩，只是兩個月前老婆就沒再回來了，他是在失蹤十幾天後發現不對，因為這**小王**沒有再來找她了，才報警失蹤找人。丈夫話中有幾處很矛盾的地方，如果真的是他失蹤的老婆，為何不主動聯繫警方呢？但警員先不處理這部分，眼前最重要的是ＤＮＡ要符合。

「**沒關係，你先去你太太的化妝台那邊看一下，有沒有牙醫的那種藥包。**」員警請這名丈夫去找，果然抽屜裡有一包診所的藥袋，也就是警方找到的那間診所，果然死者就是他的妻子曾美蘭。

只是既然確定老婆失蹤了，為什麼要拖這麼多天才報警？警方拿資料給他看，要詢問失蹤當天的許多細節，但丈夫反應相當冷漠抗拒，不怎麼配合警方，很多東西也語焉不詳，就連老婆牙齒的特徵他也說錯。

而附近鄰居透露，失蹤前後曾聽到兩人大吵一架，也有人目睹曾美蘭丈夫拿著一把**菜刀**，在街上追著一名男子跑。原來當天**小王**把曾美蘭送回家，戴綠帽的丈夫跟對方也大吵一架，於是亮刀作勢砍人逼退小王。

惱羞的丈夫有可能殺了妻子嗎？警方心裡有著不小的懷疑，試著從他身上挖出蛛絲馬跡，失蹤那一天發生了什麼事呢？他說曾美蘭凌晨攔了一輛計程車出去，但女兒說媽媽白天曾要她幫忙叫車，兩人說法出現矛盾，加上曾美蘭住家是條死巷，門口怎麼攔得到計程車？

種種疑惑都讓這個丈夫顯得更加可疑，警方調閱了曾美蘭的通聯記錄，的確是在二〇一四年八月二日凌晨兩點三十一分離家，曾美蘭丈夫是配送羊奶的貨運員，經常半夜開車送羊奶，有人證實當天他的確在送羊奶，最後因為有不在場證明，被排除了嫌疑。

原來丈夫是因為**外遇家醜**，所以顯得不想多講，時間細節記錯很可能是因為送羊奶日夜顛倒，把一些細節給記錯了，總之他並不是命案的重要關係人。

那曾美蘭那天是去了哪呢？警方循著通聯記錄找到了當天載她的計程車司機，他說客人是前往龍潭大同路的一間透天別墅，警方再找附近巷口的監視器畫面，發現她是自己拿著遙控器開門，獨自走進去之後，就再也沒有出現過了。

Clues

3 高調婚外情

回到另一邊對牙醫診所的訪查，這個牙醫師對曾美蘭很有印象，因為她穿著雍容華貴，跟一般來修牙補牙穿得很居家的病人不同，而且身旁總有一名男子陪伴，在健保跟自費的選擇之間，他們總是選著自費，一看就是很有錢的**一對夫妻**。而就在警方拿出死者的團體照後，牙醫師立刻就能指出死者是誰，也順便指出他的**丈夫**，拍照站在旁邊戴眼鏡的斯文男子。

那個男的不是曾美蘭老公！警方已經聽真正丈夫提過小王，心裡多少也有個底了，只是沒想到除了牙醫師外，還有許多人都將這名男子認作是曾美蘭的另一半，如此高調的婚外情，真的是前所未見。

小王的名字叫**黃建河**，警方調查了他的背景，發現他曾經幹過混凝土司機，後來因為入股了水泥業，事業收入突飛猛進，之後加入了獅子會，也當了高中家長會長，積極參與各種上流社交活動。但他也並非單身，不但結了婚兒子也已經高中了，怎麼還如此高調跟小三放

涉嫌殺害外遇對象的黃建河。

慘遭殺害埋屍的曾美蘭。

閃曬恩愛？

曾美蘭原本是個家庭主婦，跟丈夫生了三個孩子後，接觸到直銷賀寶芙，開始積極拓展事業，而做直銷最需要的就是人脈跟外表，於是曾美蘭開始認真打扮，與樸素老實的老公開始漸行漸遠，甚至還當上了國小家長會長。

二〇一二年十一月某場學校家長會的活動中，認識了黃建河。黃建河似乎一開始就對曾美蘭有好感，不斷轉介紹有錢的客戶，曾美蘭事業因此蒸蒸日上，加上她不會開車的緣故，去哪都由黃建河開車陪伴，兩人關係密不可分。認識了兩個月後就開始交往，不論是聚餐還是活動，都是出雙入對形影不離，於是她就成了黃建河**外頭的老婆**。

而這過分的關係還一路延伸到曾美蘭家裡，黃建河仗著財大氣粗，看不起送羊奶的老實丈夫，不但來家裡邀約載人，甚至還會直接進到曾美蘭房間，即便被丈夫撞見還會冷嘲熱諷對方一番，也會經常掏錢買禮物送小朋友博取好感。曾美蘭為此也提過幾次離婚，但丈夫為了給孩子一個完整的家庭，始終拒絕。只不過當曾美蘭要求自己孩子，稱黃建河爸爸的時候，這個家庭早已經破碎，丈夫的尊嚴已經一點也不剩。

只是如此荒唐的婚外情，最終又怎麼會以命案畫下句點？

由於曾美蘭最後消失身影的別墅，就是黃建河的住家，他絕對跟命案脫不了關係，警方緊緊盯著黃家人的一舉一動，發現黃建河對於愛人曾美蘭的失蹤，理當要緊張焦急才對，卻是反常不聞不問。尤其滑翔機墜出白骨案的新聞，鬧得這麼大，黃建河也是隻字不提，也沒再跟人討論曾美蘭的話題，過於刻意的避談更讓警方心裡有底。

黃建河似乎也察覺到警方已經鎖定他，突然打算飛去中國大陸疑似要避風頭，警方見機不可失，在十一月十二日發動搜索。

「叮咚！叮咚！」警方按鈴登門，出來應門的是黃建河的太太，見到警察她的神情難掩緊張，而黃建河人也在屋內，態度非常冷靜，顯然已經築起高高的心防。

「**我跟曾美蘭很久沒有聯絡，快一年了，我也不知道她跑去哪裡了，我們已經沒有在一起了，如果你們可以證明我跟這件事情有關係，請你們舉證，不要打擾我們正常的家庭生活。**」黃建河不知道警方手上有多少證據，但顯然已經想把所有事情撇清，即便警方說查出女生最後足跡就是來到這裡，黃建河依舊一痞天下無難事，否認到底。

「黃先生你涉嫌殺害曾美蘭，我們要將你帶回偵訊。」警方也不迂迴試探了，直接挑明抓人帶回隔離偵訊，而黃建河絲毫沒有要退縮。

鑑識小組進入屋內展開地毯式採證，但案發過去三個月了，還能夠採到東西嗎？警方心裡非常清楚，要突破的點不是黃建河，而是他的**妻小**，因為會殺人的顯然不是他們，鞏固的心防不會那麼嚴密。然而就在屋內四處採證的時後，一名專案小組成員無意間眼神停留在了階梯上，黃建河妻子眼神閃過一絲緊張，他察覺有異趕緊找人來測試，果然有了收穫，因為在屋內一樓通往二樓的階梯跟牆壁上，發現了大量噴濺的細微血跡。

「那是我兒子腳受傷流血。」黃建河妻子阿娟連忙解釋。

「但是太太，連天花板也有噴濺的血跡，腳受傷怎麼噴到天花板。」阿娟被問得啞口無言。

而且不只天花板，黃建河的福特自小客車後座，也發現了大量的血跡反應。事發三個月，這家人顯然在包庇黃建河，並積極消滅證據，最後在肉眼看不見的地方，竟然還能採到血跡反應，鑑識人員的細心無疑是最大功臣之一。

DNA**比對確定就是曾美蘭的血。**

阿娟終於鬆口，當晚曾美蘭的確有來過他們家，有發生了吵架拉扯，接著就發生了那件事。

Clues

4 家人的祕密

「你有沒有後悔，你為什麼要殺死她，你不是要去就醫，怎麼載去埋屍。」面對記者連珠炮式的提問，黃建河被警方罩上一個全罩式安全帽，雙手上銬低著頭不發一語。

令人震撼的是，他們一家人竟然都是共犯。

八月二日當天，曾美蘭因為跟丈夫吵架，打了好幾通電話給黃建河，再度逼他拋棄阿娟，與自己結婚，好離開這煩悶的丈夫。這也不是兩人第一次為了這件事情吵過，只是這一晚似乎特別大聲，鄰居也聽到曾美蘭在電話裡大小聲爭吵的聲音。

但哪個男人會對外遇認真？說穿了黃建河也只是玩玩而已，縱然跟曾美蘭說過自己妻子罹癌等等，有一天會與她結為連理，當然也都只是玩笑話，應付應付而已。這一晚黃建河掛下電話後，就不再接起曾美蘭的奪命連環叩，於是她喝了酒叫了計程車，打算再到黃建河家裡攤牌，爭取自己正宮的地位。

下計程車前司機還貼心地說：「小姐這裡很黑，我看妳進門之後我再離開。」只見曾美蘭拿著遙控器熟練開門進去，司機大哥見她打扮華貴，以為她怎麼可能住在老舊的樓房，誤以為這裡才是她的家。

時間來到兩點五十一分，曾美蘭醉醺醺直接上到四樓，打開房門便是一陣痛罵黃建河如何如何，只是房內的不是他，而是他的兒子阿翔。

「你爸呢？」曾美蘭用手機的燈光照著阿翔，接著一路搖搖晃晃往樓下走。

「X你娘機掰！妳是誰！妳三更半夜跑來我家X三小。」阿翔一時沒認出老爸的外遇對象，還以為是小偷闖了進來，順手拿了球棒，尾隨對方走下樓梯。

阿翔的吼叫吵醒了在三樓睡覺的父母，眾人都來到了二樓。

「**是誰，發生什麼事？**」黃建河憤怒地說。

「**你為什麼欺負我……**」曾美蘭終於見到情郎，開始哭哭啼啼講話都黏在一起。

「**妳幹嘛來我家亂！都已經跟妳講過了，為什麼還要來亂，講都講不聽！你再來亂一次我就讓妳死。**」黃建河眼見是**這個女人**，已經惱羞成怒，因為她已經不是第一次登門找碴了，今年二月才跑來砸過家裡的花盆，當時就警告過她不准再來，再來要給她好看。

黃建河一氣之下走到廚房拿出水果刀，高舉作勢要揮砍被阿娟阻止，還要阿翔趕緊從爸爸手上拿走刀子。

「我們都是女人，你幹嘛這樣，你為何要來破壞我的家庭。」阿娟也忍不住質問這個小三。

接著曾美蘭跟黃建河夫婦吵了起來，看到阿娟穿著睡衣跟情郎一副夫妻的模樣，曾美蘭頓時暴走，伸手就要去抓阿娟，結果阿翔也無端被扯進去，三個人就在二樓拉扯，曾美蘭還緊咬阿翔的左手約二十秒，他用力把手抽出來後因為重心不穩往後倒去，阿娟趕緊將寶貝兒子接住，但眼前曾美蘭沒有要放過他們母子兩，繼續撲了過來。

此時黃建河見狀已經失去了理智，拿起兒子放在地上的球棒，從她的後腦杓狠狠砸了下去，鮮血濺到樓梯跟天花板，曾美蘭應聲趴倒在地上，頓時所有人都安靜了。

「她一直來亂，就算我沒瘋，你們也會瘋掉。她來我們家把我們家搞得雞飛狗跳，家庭會破碎。」黃建河喃喃自語地說。

阿翔這時去包紮傷口，還拿了抹布要幫曾美蘭加壓止血，跟爸爸一起把曾美蘭抬到一樓地板放著，她還有意識但似乎不能動，一直在啜泣。阿娟見狀慌了說要打一一九叫救護車，黃建河卻阻止她這樣做。

「她起來後，會把我們抖出來。」阿娟根本沒有管那麼多，堅持要丈夫把人送去醫院，兩父子再將她抬上車，曾美蘭卻堅持說送她回家。

「**你今天既然這樣對我，我跟你沒完沒了我要跟你同歸於盡，包括阿娟跟兩個孩子都別想好過。**」曾美蘭在後座大聲威脅著黃建河。

「好啦！好啦！」黃建河隨口敷衍了兩句，但讓曾美蘭更不滿了，竟然從後方勒住他的脖子，黃建河趕緊將車子停下，並把座椅往後躺壓制住對方，接著出拳開始狂毆，曾美蘭全身癱軟失去意識。接著黃建河將車子開到了凌雲國中往夜景區路上的一片空地。

「**為什麼我們不將人送醫，爸你要三思啊，畢竟是一條人命。**」阿翔感覺到不對勁。

「**這是為了我們大家好。**」

「**她一直來亂，我和你媽遲早會分開。**」

「**她一直來亂，我和她講過了不要一直來亂，然後她也答應了。**」

黃建河像是要催眠誰的樣子，不斷跟兒子重複這些話，到了乳姑山之後他下了車打開後車門，曾美蘭已經癱軟不省人事，頭跟上半身垂出了車門外。黃建河竟用力甩了車門，重重砸在曾美蘭的頭上，接著他獨自將人拖出車外。

「**你先待在車上。**」黃建河吩咐兒子在車上待命，接著阿翔從後照鏡看到自己父親，跪在地上用雙手掐住曾美蘭的脖子，約過了二十分鐘，阿翔忍不住下車去察看怎麼回事，心裡卻已經有了個底。

「**你去摸摸她的脖子，還有沒有脈搏**。」黃建河這句話特別地囟，阿翔吞了個口水，慢慢將手指壓在曾美蘭的脖子上，隱約好像感覺到久久有跳一次脈搏，接著就完全沒有動靜。

「**脈搏好像沒跳了**。」阿翔回答著，然後又被叫回車上待著，這回從後照鏡看到剛殺了人的父親，把曾美蘭的衣服全部脫掉，將屍體扛在肩膀上，往陰暗的草叢中走了進去，過許了許久才回來。

「**我們可以回家了**。」黃建河說著，像是結束什麼任務一般，而阿翔沉默不語，心裡也很明白曾阿姨發生了什麼事。

「**天堂有路你不走，地獄沒門你硬闖**。」回程路上，黃建河補充了一句。

到家後阿娟已經將客廳血跡清理乾淨，很激動問丈夫人是送醫院還是送回家裡，沒想到黃建河冷冷說了一句。

「**我帶她去她最愛的地方，處理掉了**。」曾美蘭很喜歡在夜景區跟黃建河約會，尤其看得到101的晴朗夜晚，又能想起兩人共同跨年的回憶。

兩個小時後七點天亮，父子倆簡單梳洗後，再度駕車去五金行，要兒子下車去買了一把鋤頭，再回到現場將屍體埋葬，接著繼續維持著原本的生活，彷彿曾美蘭沒有來過這個家。

Clues

5 隱形受害者

獅子會上流人士殺人事件，還帶著婚外情以及全家人都涉案的荒誕劇情，很快就成為當日新聞頭條，而黃建河一家人之後全被依殺人罪嫌起訴。

「以前在家裡都很節儉，很勤勞，不知道怎麼會發生這種事情。」被害人曾美蘭的婆婆，難以想像這個媳婦居然如此離經叛道。

「他也在其他餐會上會遇見，看起來他的神情各方面來講，跟平常沒什麼兩樣。」時任桃園縣議員徐玉樹，很驚訝黃建河殺人後完全沒有任何異狀，照常參加各種活動，妻子跟兒子也完全正常生活。

進入法院審理後，究竟黃建河有沒有殺人動機，成了法官關鍵心證。然而從兒子這邊的描述，很清楚開車出門的時候，就已經察覺父親是要殺人了，加上駕車行經路線並非往醫院或是死者住處，認定他有殺人動機，重判他無期徒刑。而長子阿翔涉及遺棄屍體罪，交付保護管束；妻子阿娟則沒參與殺人，獲不起訴處分。

然而進入二審後，黃建河在獄中努力抄寫心經，並積極與家屬達成和解，願意變賣土地賠償對方丈夫五百萬元，法官考量這起事件主因是曾美蘭凌晨闖入對方家中咆嘯惹事，被告是因為是**一時情緒失控**鑄下大錯，並考量黃建河擔任多個社團會長、社長或幹部，有相當的智識及社會歷練，生活狀況單純，多次表達出懊惱後悔之意，認定尚無處以無期徒刑之必要，改變有期徒刑最高刑度十五年，與遺棄屍體罪十個月，合併執行十五年八個月。

二〇一六年三月三日最高院駁回上訴，全案定讞。

關於殺人動機這一部分，補充一個小故事，當時黃建河開著車出門行經五福街一處路口時，右轉就是往醫院的方向，左轉便是往乳姑山上去，而當時黃建河選擇了左轉，也讓兒子警覺到父親的殺人意念，而在庭上審理的時候長子阿翔這樣說道：

「我跟我父親把被害人扶上車載出門時，就大概知道我父親要殺掉被害人，因為我父親有說要處理掉。……我當時知道父親並非開往醫院方向……」

「當初是怕我爸做壞事，這不是昆蟲、寵物死掉，這不是一般的小傷，當然上車的目的就是要阻止他做壞事，盯著我爸載曾美蘭去醫院。」

「我爸有用手掐曾美蘭的脖子，這時候曾美蘭有掙扎，當時我想下車阻止，但我無能為力，如果今天我爸的角色換成我朋友，我朋友做這種事，我可能當場會把我朋友架開，並且

把被害人送醫，但是今天那個人是我爸，我沒有辦法像對我朋友一樣去對我爸。」

站在這個轉念的十字路口，當時承辦的員警曾不禁感嘆。

「一念天堂，一念地獄。」

對應著黃建河曾對死者說的「天堂有路你不走，地獄沒門你硬闖。」顯得格外諷刺。

後記

高雄樹德科大二〇一〇年曾有份研究[1]，是針對四百名南台灣已婚婦女**外遇調查**，發現高達三成五的妻子曾經背叛老公，對象以**朋友**最多，其次是同事、網友及前男友，有婚外性關係的達一〇六人，又以四十至四十九歲的年齡最多，高達三成八，並認為婚外情更容易達到高潮，並且不會放棄原有的婚姻。

性別研究的知名教授何春蕤表示，這是因為這些熟女有錢又有閒，孩子長大獨立又正處空巢期，碰到合適對象就會轟轟烈烈談一次戀愛。

然而這樣尋求刺激的平衡點卻不容易掌握，像是此案的兩個家庭，都很明白自己的枕邊人高調外遇，一個是遭受不斷羞辱的老實丈夫，一個是飽受侵擾的善良主婦，兩人都為了孩子試著保全**完整家庭**，苦吞下了許多委屈。

黃建河為了維持富裕的優越感，不但經常花錢送禮物給曾美蘭孩子，博取小孩的認同後轉而當面嘲諷這個**沒用的丈夫**，而只是送羊奶賺取死薪水的丈夫，無力抗拒對方的金錢攻勢，日夜顛倒的工作也讓他鮮少擁有親子時間，這一年半妻子外遇的生活有多少無奈，恐怕不是這裡幾行文字就能道盡。

而始終維持扮演稱職主婦的阿娟，在警方監聽的過程中，發覺她是真正善良，即便丈夫高調外遇，連外人都不清楚這個**真正妻子**的存在，努力相夫教子，無奈被金錢地位蒙蔽的丈夫，最後走上殺人一途，還得為他雪藏這個不能說的祕密，跟無端被牽涉進棄屍過程的孩子，更是無辜的**隱形受害者**。

＊故事收錄在《老Z調查線214》

1　參考資料來源，婦女新知基金會網站（https://www.awakening.org.tw/news/3239）。

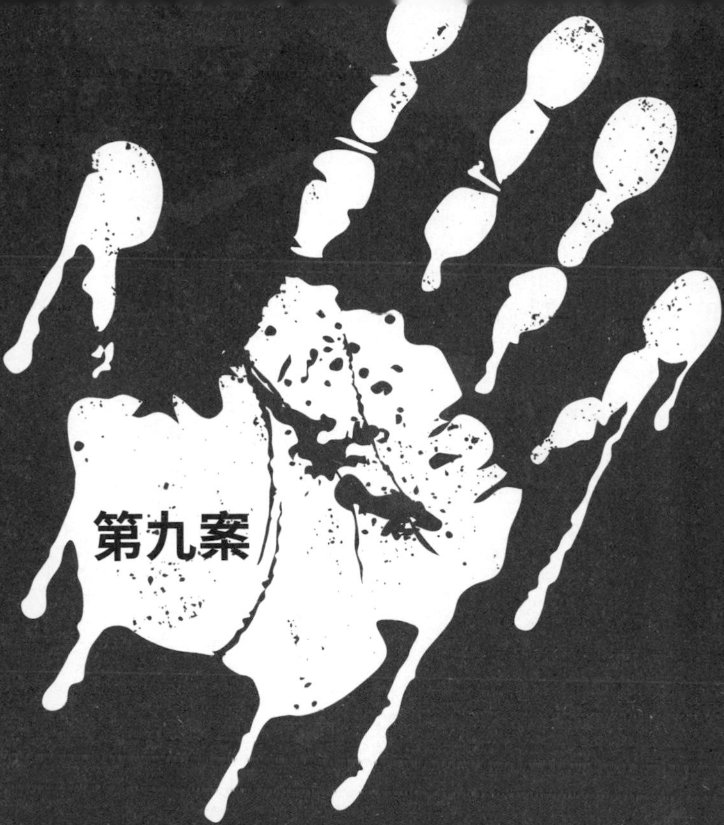

第九案

心魔殺人案——司法縱放的連續殺人犯

其實很晚才踏入記者這一行，幾乎每一個菜鳥都是大學或研究所畢業就已經開始，我則是到三十歲才回鍋開始跑新聞，雖然大學畢業第一份工作也是在電視台，但從事的是新聞編輯的工作。特別的是大學學的是報紙編輯，所以也是一切從零開始學，之後輾轉好幾份工作才開始正式出門採訪。因此我在二〇一一年踏入新聞圈，總是得對小我好幾歲的同業，喊一聲大哥大姊，因為比起他們，我「菜味」極重。

不過在這短短十年的採訪生涯，碰過許多次隨機殺人的案件，相較於其他殺人案擁有的動機，情、財、仇，這類隨機犯案的**惡意**其實更加深沉可怕，如果再加上精神問題，每每在社會上都會引起激烈爭辯。其實我個人認為**隨機殺人**更加不能原諒，是因為被害者都是無辜的人，他們有著正常幸福的生活，卻因為殺人犯的一個奇異念頭，再也回不了家。他們安分守己、與人為善，為何要慘死路邊呢？而台灣法官卻為了**順應國際潮流**，讓這些平淡努力工作的家庭，成了殺人犯可教化的**消耗品**。

但真的有人**不可教化**，卻沒人為這些犧牲者負責。

Clues

1 失蹤小姊妹

時間回到二〇〇三年四月十五日，新北市板橋有一對劉姓小姊妹，分別就讀小一小二，不難想像她們是全家人最疼愛的一對寶貝。這天晚上姊妹倆說隔天傍晚要去書店買文具，十六日下午爸爸給了一百塊錢，並吩咐她們不要亂跑早點回家，兩個小朋友俏皮地點了點頭，一溜煙就跑出去了。

這對她們來說，不過是一塊蛋糕的小任務，兩人不知道攜手去過了幾次，但誰也沒想到兩姊妹，竟再也沒有回來過。

「她都會打電話說同學家在哪裡，這一次出去都沒有，音訊全無了啊！也沒有人打電話來恐嚇什麼，都沒有，都沒有什麼電話啊！」小姊妹的父親一臉焦急，對著媒體訴說找人這幾天的心境，就希望透過媒體能讓更多人注意到他的女兒。

無辜遭殺害的小姊妹，父母用來張貼協尋專刊的照片。

「媽媽在找妳們趕快回來啊！」另一邊媽媽，手裡捧著兩張女兒的大頭照，早已哭得泣不成聲。

家人當晚緊急報警，因為當年社會上經常發生擄人勒贖的案件，劉家人一開始也認為小姊妹是遭人擄走，沒想到完全沒有下文，生死未卜最是讓親人煎熬，他們四處求神問卜只說被**熟人**帶走了，不會回來了。

警方一方面也調閱著監視器，希望能循線找出兩個小女孩究竟在哪遭擄，很快就在住家巷口看到了她們的身影，旁邊還有一個大男生，顯然他絕對是失蹤案的關鍵。劉家父母看了畫面之後，很快就認出那個人，是曾來求職的臨時工、經常來家裡的二十二歲**陳昆明**。

「我沒有問他說小孩子在哪裡，我是問阿弟你現在在哪裡？他跟我說現在在工作啊，很平常心跟你講，『所以你沒有懷疑他？』對啊！所以我就沒有再考慮懷疑他。」劉爸爸撥了電話，第一時間並不認為陳昆明有問題。

但轄區的海山分局可無法輕易放過他，畢竟他是兩人失蹤最後碰面的對象，這個關係人的供詞跟記憶，十分重要。只是沒想到深夜將他找來問訊，他卻支支吾吾，無法好好交代當天行蹤，警方當然察覺不對勁，將他列為重要嫌疑人。只是還沒開始切入重點，陳昆明卻先自己說出警方**想問的那一天**。

「沒有告訴他案發是哪一天，他自己脫口而出的，他知道自己不小心說溜嘴了，有一點歇斯底里啊，然後開始在做解釋啊。我們當初認為說，小女生或許被他安排還是藏匿在什麼地方，我們一心只想把小女生救出來而已，所以我們道德勸說，陳嫌你就老實跟我們講人在什麼地方，趕快把她營救出來。」

承辦的刑警張朱煌提到偵訊過程，陳昆明態度十分讓人傻眼，甚至還有媒體捕捉到，他在裡頭做鬼臉**吐舌頭**的模樣，成了當天各大新聞的焦點畫面。經過兩個小時的偵訊，他終於供出當天是帶她們到華中橋下，一處**隱密的小木屋**。

說是小木屋其實只是用木板跟一些水泥，搭建起的簡陋工寮，裡面放滿了生活必需品，有鍋爐調味料還有一張床，還放了一尊捧著金元寶的財神爺，顯然是某個人的臨時住所，上頭灰塵累積的程度來觀察，

陳昆明將兩姊妹騙至橋下這處簡陋小木屋殺害。

有一陣子沒人使用了。

「他帶我們到那個小木屋進去看的時候，裡面就當場發現了小女孩……劉姓姊妹的那個鞋子啊、還有磚塊啦、有血濺的痕跡啦。然後我們當然是馬上追問，那小女生現在人在哪裡，然後他就有一點情緒失控了。」張朱煌提到踏入案發現場的恐怖場景，但接下來陳昆明的表現才讓人錯愕。

「噓！不要說話，她們在叫我了！」陳昆明手放在耳朵，像是要聽什麼神諭般的專注。

「他就指著河面、新店溪的河面水面，指稱姊姊在哪裡、妹妹在哪裡。」

沒想到兩姊妹早已慘遭殺害，而她們口中經常叫的**大哥哥**，一邊說很愛著她們，一邊卻用磚頭打死兩人，要幫她們**解脫**，她們生前究竟遭遇了什麼事？

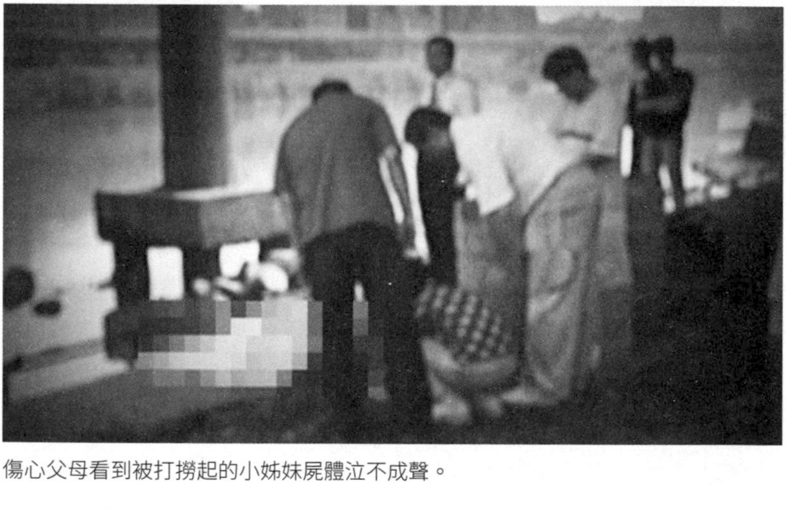

傷心父母看到被打撈起的小姊妹屍體泣不成聲。

Clues

2 惡魔的存在

案發第三天，警消動員大批人馬在華中橋下徹夜尋找，一整夜只找到小姊妹的兩雙鞋子，以及**沾有血跡的磚塊**。劉爸爸呆坐在岸邊不發一語，沉澱心情準備迎接最壞的結果。只是搜救行動一路進行到了天亮，直到九點二十二分終於找到了姊姊，居然是在上游中正橋附近尋獲，原來當時正值漲潮，小小的身軀被推往了另一方向。

劉家父母看到變成**水流屍**[1]的姊姊屍體，崩潰痛哭、絕望的呼喊聲響徹華中橋下，搜救人員無一不靜默，悲傷的情緒在每個人心中遊走。十點三十八分，妹妹屍體在光復橋與華中

1 想要知道水流屍是如何慘狀，上網查一下圖片就能看到，但是要有心理準備。因為水流屍除了腐敗氣味濃厚外，還經常被魚蝦啃食或撞到礁石，加上長期泡水會腫脹潰爛，如果是無名屍體的話，指紋的採集對鑑識人員以及法醫來說，都是不小的挑戰。我甚至懷疑日本知名動漫《進擊的巨人》那些異常肌肉外露的設計，是不是由此得到靈感。

橋間一處沙丘處被發現，家屬悽慘的哭喊，再次讓晴朗天空充滿悲鳴。

「那小孩子養那麼大了，又那麼可愛的，她們是很乖啊，也不會亂跑，她們要出去都會跟我講。我也想不透真的，我們跟他也無冤無仇，他把我兩個女兒帶走，把她們害死，真的有夠冷血。」小姊妹母親在心情平復後回答媒體提問，殺人動機究竟是什麼，誰也猜不出來。

經過偵訊陳昆明**大致**解釋了殺人過程，十五日晚上他趁著劉家大人不在，跑到住處跟兩姊妹相約，隔天要帶她們到家樂福大賣場，準備挑些禮物送給她們，兩姊妹不疑有他很快就答應。陳昆明載著她們抵達賣場附近停車後，三人徒步走到光復國小前的人行陸橋下，要兩人先在這等著，他則是回到住處拿了兩顆俗稱**強姦藥丸**的ＦＭ２，將藥丸磨成粉後溶入水中，再用針筒注入一罐鋁箔包的綠茶，接著就將兩姊妹載往華中橋外，以**不詳原因**將她們帶入小木屋中。

陳昆明拿出事先準備好的兩罐綠茶（一罐沒有摻藥），給兩個小姊妹飲用，此時她們並沒有察覺，在這個奇怪的荒涼木屋裡，眼前熟悉的大哥哥要對她們做什麼事情。

姊姊喝到摻有ＦＭ２的綠茶，三十分鐘後神情開始恍惚，陳昆明見狀突然用左手緊緊掐住姊姊的脖子，同時右手也伸出去掐著妹妹，兩姊妹此時才驚覺危險，小小雙手抓著陳昆明，兩腳不斷地踢打反抗，但小小孩童如何敵得過成年男子的力氣，姊姊很快就垂下雙手，斷氣了；陳昆明見狀鬆開左手，但妹妹還在掙扎，他便掄起地上的磚頭，朝妹妹頭部猛砸三四下，妹妹也成了靜默的屍體，最後雙雙都被扔進了新店溪裡。

如此慘絕的過程，連偵辦員警聽了都不寒而慄，但殺人最重要的動機呢？當陳昆明描述將抵達家樂福的時候，他的內心出現了變化。

「我當時只感覺心裡有惡魔告訴我說：『如果你不敢，那我來。』」

陳昆明這樣解釋，說他十六歲開始就有惡魔常駐心裡，但不是大家想像那種猙獰的模樣，是一個**年輕漂亮的女孩**，有**六片翅膀**，形象像是天使漂浮在半空中。惡魔常說他是**子魔**，任務還沒有完成，不能這樣就死了，而這個任務是地球資源有限而人口過剩，所以他得肩負**消滅人類**的責任。（這讓我聯想到了漫威的反派薩諾斯的種種論點。）

「當人類超過一定數量時，大地將轉回赤色，當赤色大地來臨時，生命將開始滅亡。」

「我是四個子魔之最後一個子魔，可以控制識神，例如瘟神、兇神、死神，像個獨角獸會散發東西，是人想像以外，會毀滅生命，帶來死亡。」

「我不知從何時起，我就把自己當作惡魔，我頭腦中一直會有一個聲音叫我去殺人……摻在飲料綠茶內想給她們睡覺，因為那時我人已經變質了，我就想殺她們了。」

領有精神殘障手冊的兇嫌陳昆明，落網後還吐舌頭扮鬼臉，引起輿論憤慨。

陳昆明移送地檢署時，遭憤怒家屬拳打腳踢。

甚至在拿磚頭砸妹妹的時候，陳昆明這樣描述妹妹是這樣回應。

「哥哥我愛你，我現在頭好痛！」

「哥哥，我想要回家。」

陳昆明在陳述案情的時候，會出現人格分裂的情形，彷彿像是一個惡魔要殺害小姊妹，而**正常的他**也會跟惡魔對抗，互相搶奪身體的自主權，他說他贏了惡魔，卻無法好好解釋最後為何還是殺了她們。甚至還掰出木屋是一名遊民林金生的，當時還有一個姓李的男子，是這兩人逼死者喝下摻藥飲料，還威脅殺了他全家，逼他殺人棄屍。

「看到兩個女鬼」、**「我掐的是女鬼，犯案時我沒看到女童在現場」**、這是**「阿托姆神盾計畫」**等等光怪陸離的說法，已經無法理解他的邏輯。

檢警查了他的病歷，原來他早已罹患了**精神分裂症**[2]。

2 精神分裂症（Schizophrenia），後來因為有歧視及汙名化患者的誤解問題，二〇一四年更名為思覺失調症。其實「思覺失調」一詞反映了Schizophrenia的兩大主要病理：思考與知覺功能的失調，而「失調」二字同時也代表它「恢復的可能性」。節錄自台灣精神醫學會網頁（https://www.sop.org.tw/news/l_info.asp?/13.html）。

「**我禮拜四打電話給他，他說喔，我問阿弟阿弟你在幹什麼，我在上班，很冷靜地給你回答，所以可能是神經病嗎？**」小姊妹的父親無法相信，檢察官安排法醫進行解剖相驗，陳昆明卻一副毫不在意的模樣，還在解剖室外玩弄自己的手指，家屬憤怒已經無法壓抑。

「你畜生喔你！X拎娘機掰咧！打死他！X拎娘機掰！太惡劣了啦！X拎老母咧！」結束相驗陳昆明一露臉，一群家屬就衝上去瘋狂詛咒追打，警方趕緊讓陳昆明上車離去。

檢警原本研判陳昆明是想性侵小姊妹，才會想要下藥迷昏她們，後來相驗確認沒有性侵跡象，也確定是死後落水，如他所言是被活活掐死，窒息死亡。

太驚悚了，他心裡究竟住著什麼樣的惡魔？

Clues

3 恐怖大哥哥

警方深入調查陳昆明的行為紀錄，赫然發現他不只是要帶走兩姊妹，更可能是要讓**劉家絕後**，因為就在案發的前一天，他曾經將劉家四姐弟全部帶出去，也是藉由買東西送他們的名義，看到超商監視器畫面的劉家人，深深吸了一口氣。幸好當時一名劉家親友也來超商，陳昆明疑似認為計畫被破壞，才匆匆單獨離去，結果在分別時孩子還熱情跟他打招呼說再見，這證明他隨時都能將孩子騙出去下手，十分可怕。

「**像雙面人，有點像另一面很壞很壞的樣子，而且他另外一面很像好人這樣子。**」劉家大姊姊回憶到，這是她首次體會人心險惡的第一課，而且十分凶險的一課。

更可怕的是一個月前，陳昆明就曾經拐走一名男童，手法很類似，幸好那一次警民即刻救援，家屬隔天就順利找到人，阻止了悲劇發生。左鄰右舍也發現劉家其實對陳昆明有警覺，因此拒絕了他的求職，但一切都為時已晚。

陳昆明晚間被移送地檢署複訊，再度被家屬胖揍了一頓，因為家屬無法理解，如果他真的要拿精神病當藉口，為何連續兩天都把劉家孩子約出來，難道拒絕他的求職，就得拿命來換嗎？此時陳昆明白髮蒼蒼的父親，特別登門向劉家道歉，並把一切都歸咎於精神病上。

「跟你說聲對不起，養到這種不成材兒子。」

「這不是道歉的問題！這不是道歉的問題，是我兩個女兒的命欸！這樣太夭壽啦。我養四個小孩呢！你為了你一個小孩，換我兩個小孩的命，你良心呢？你就是寵他，我也是獨生子。」

「我寵他！我管不動啊！」

「你不能管不動一句話，要想辦法，這是一個家庭的教育啊！」

「我拖他不住啊！」「給他自己去住啊！」

兩個不幸家庭的父親，在大門前的一來一往對談，陳昆明的父親透露無奈，該怎麼養一個精神病的孩子，似乎也沒人幫得上他。

「發生事情的時候你老婆早就知道，為什麼不說，要藏起來。我們現在是生氣這個，這個還活著就把她丟進河裡，他母親怎麼不早點說，至少我們還能救到一個，對吧！」劉家親友憤怒說著。

陳昆明自述從國二開始，就出現一些聽幻覺，有多次輕生的紀錄，都是因為感情受挫的問題，二〇〇二年入伍分發到海軍，因為無法適應軍紀生活，疑似壓力導致出現清楚的幻聽「**你想不想死啊？**」等等，於是在船上廁所割腕，送往左營海軍醫院後才初次診斷出罹患精神分裂症，因此停役持續治療。

而警方在他家中搜出了一本筆記本，這個心魔似乎還有個名字，也透露出他經常為情所困。

「**二〇〇〇年四月三日三點四十五分，我創造了妳，妳的名字叫做紅鐘惠，就叫小紅吧。……我真的一時無法認同，我真的無法相信她會這樣告訴我，她會對我說出那樣的話。小紅說唉呀呀……你說太多了呀，其實哥你不是一直相信緣分的嗎？說不定她有她的苦衷。**」

「**如果說不判他死刑的話，他以後出來還是會犯這種情形，也是敗壞社會啊！**」小姊妹父親憤怒說道，希望法院將陳昆明判處死刑。

「**討回公道是他要死啊！不然如果他沒死，再給他出來，也是再害別家的人。**」遇害小姊妹的母親憤慨說道，孰不知這句話即將成為**現實**。

一二審法官都認定陳昆明罹患精神疾病，依法減刑判處無期徒刑，但上訴更審後，法官認為他在警方未確定兩女生死前，就透露出他殺害兩人，所以符合**自首**，竟一路越判越輕，沒來由殘忍殺害兩條小生命，最後只輕判有期徒刑十二年，舉國譁然。

陳昆明入獄後，劉家小姊妹命案逐漸淡出大眾的記憶，沒想到在二〇〇七年時任總統陳水扁，因應二二八事件六十週年以及解嚴滿二十年，簽下了特赦令。殺害兩條人命的陳昆明，最後只關了六年刑滿出獄，後續在醫院治療了五個月，也迅速被判定**沒問題**，隨即出院。

Clues

4 第三條人命

時間來到二〇一〇年十月十九日，一名二十七歲少婦**林美玉**，撥了通電話給**謝先生**，剛做完月子的她為了多賺一份薪水貼補家用，看了報紙上一份徵才廣告，隨即撥打了電話面試。

「**誠徵檳榔門市，薪二萬八，月休六天地點：中和、板橋、土城、新莊，應徵地點：板橋，意者洽謝先生0000000000**」

奇妙的是林美玉在下午兩點二十七分撥打電話，對方卻跟她約晚上十一點面試，結束後隔天上午還約好會帶她跟**老闆**見面，林美玉跟丈夫表示這份工作應該能順利，還跟小姑說下午就會回來帶小孩去打預防針，沒想到二十日上午一早出門後，就再也沒有回家。

妻子失蹤後丈夫覺得不太對勁，向妹妹詢問相關應徵細節，知道是從報紙上打的求職電話，警方透過通聯一查，心頓時涼了一半，這支電話居然是當年那個**心魔殺手陳昆明**的手機！警方知道大事不妙，連忙聲請搜索票前往陳昆明光復街的住家，卻撲了個空。

陳昆明母親說他可能去打電動玩具了，警方於是兵分多路守候，結果陳昆明突然從一處鐵皮屋跑出來，恰巧被待命員警發現立刻上前逮捕。他卻說他什麼都忘了，昨天醒過來就倒在華江橋的公廁裡面，最後陳昆明母親帶著警方前往他的租屋處，透過房東緊急開門後，又一個慘絕人寰的現場，映入了員警眼中。

陳設簡陋的房間內，牆壁上地上都是鮮血噴濺的痕跡，還有不少地方有擦拭過，甚至有被拖行過的血痕，現場遺留一根鐵棍跟球棒，彷彿是恐怖電影的場面。林美玉被一大片鋁板蓋住，再被厚厚棉被捲起來，臉部被蓋上一條毛巾，已經沒有呼吸心跳。

林美玉全身傷勢慘重，幾乎都集中在頭部，左右臉被鈍器敲到嚴重瘀青，能防禦的雙手也被打到多處撕裂傷流血，上半身衣服被撕破，拉到脖子的位置，下半身僅穿著內褲，可以想見林美玉生前極力防禦，卻被球棒活活打死，死狀極慘。

「**陳嫌供述因為『感覺』啊，對方有嚴重侮辱他的家人，所以才有，『我心中的惡魔就是想要殺人』，才會異常地以球棒毆打被害人頭部致死。**」時任台北縣刑大副隊長王順益，在記者會上解釋陳昆明的殺人動機，居然又是**惡魔**出來作祟。

「**為什麼要殺她？她跟你無冤無仇欸？她去應徵工作為什麼要殺她？**」大批記者圍著陳昆明，只想知道這回殺人動機又是什麼奇耙理由。

「因為她說了一句侮辱我媽的話。」陳昆明小小聲地說了一句。

「她說了什麼？她說了什麼讓你覺得是不開心的？」

「她說了一句侮辱我媽的話。」

「什麼話？」

「我現在記不起來了。」

「你的惡魔是什麼惡魔？」

「祂只會破壞一切，其他祂都不思考。」

「她說了什麼話讓你生氣？因為媽媽做資源回收嗎？」

「就是因為我媽媽做資源回收。」

「你覺得她瞧不起媽媽嗎？」「對。」

「只因為資源回收這句話，你就惡魔就爬出來是不是？」「不是。」

「那不然是怎麼樣？你為什麼要用這個方法？」

「我現在沒有辦法解釋我的惡魔。」

令外界訝異的是，陳昆明出獄後已經接受了治療，醫師也確認沒問題才出院，為何又有心魔產生，這次還使用更暴力的方式殺人，對象還是**隨機挑選**，可以說比治療前更加殘暴。

而警方還發現他原本是想當二房東，將套房分租出去還只限女性，可怕的是他房內藏放電擊棒、水果刀還有大量的木棍，疑似想**連續犯案**。

陳昆明在偵訊時還原了案發經過，當天上午林美玉抵達後，因為下著毛毛雨，他便表示無法帶她去見老闆，而林美玉是特別請假過來面試，雙方因此有些口角爭執，陳昆明便掄起木棒猛砸對方頭部，甚至打到木棒斷掉，林美玉連番激烈抵抗後不支倒地，哭求能否放了她一馬。陳昆明不理會還將人拖行到廚房旁的儲物間，要求林美玉吞下精神科就診時給的ＦＭ2，說**這可以減輕妳的痛苦**。

「**對啦，就是賤骨頭，才會生你這個賤兒子。**」這是陳昆明幻想林美玉曾經罵他的那句話，但毫無根據。

林美玉迫於威勢只好一連吞下數顆ＦＭ2，過沒多久就陷入昏迷，沒想到陳昆明改拿鋁棒，繼續猛烈攻擊頭部至死亡，接著脫下林美玉的褲子，用棉被鋁板蓋起來，買了午餐回來陳屍處吃完之後就出門，冷血行徑實在令人髮指。

陳昆明說在面試過程，身體又被**心魔**控制，還記得有亂棒打人，但之後全無記憶，清醒時已經在台中的早餐店吃早餐。雖然他想類似以**多重人格**[3]的方式，來解釋心魔的存在，但醫院鑑定並非如此，心魔只是存在他心裡的一種想像人格。

陳昆明戕害的第三條人命，震驚全台灣，就連當初承辦小姊妹命案的刑警張朱煌，也難以置信他居然這麼快就出獄，還再度行兇。只是當初曾出面道歉的陳昆明的父親，此時已經中風臥病在床，只剩年邁母親辛苦做著資源回收，撐著這個有如風中殘燭的家，誰該來為這起悲劇負責呢？

3 多重人格係指解離性人格障礙症，指一種精神上感受到嚴重分離的現象，使患者的想法、記憶、情緒行為甚至身分呈現一團混亂，彼此沒有連結，如果有多種人格出現情況更為複雜，著名的小說《二十四個比利》殺人案，就是依照真人真事改寫，最後獲判無罪讓此疾病受到關注。而反觀陳昆明卻能清楚知道心魔的存在，甚至清楚心魔的想法跟計畫，被醫師鑑定並不符合多重人格患者的特徵。

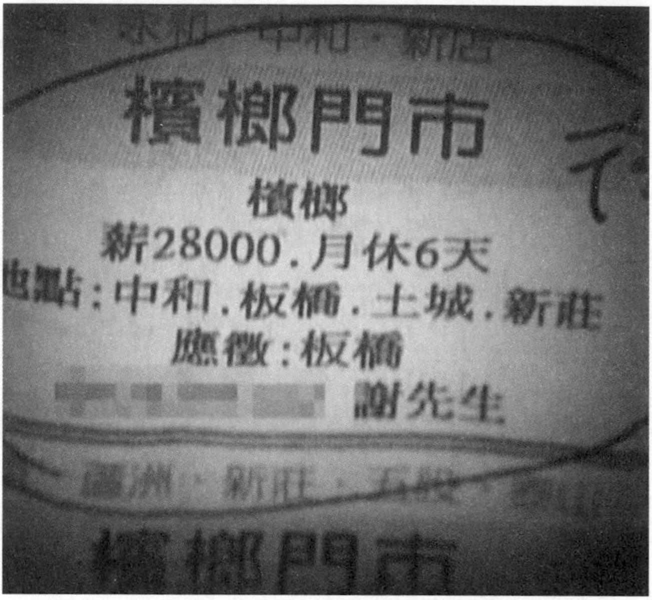

陳昆明出獄後謊稱謝先生，張貼工作廣告誘騙被害人上門。

命案現場血跡斑斑，可見陳昆明犯案當下手段十分兇殘。

Clues

5 心魔生死辯

由於陳昆明已經是殺人累犯，雖依舊搬出精神病這一套來抗辯，但一二審法官不為所動，堅持重判他死刑。上訴到最高法院時，法院就針對精神病患能否判處死刑，二〇一三年十月七日特別召開了死刑辯論庭，由於這決定被告最後是生是死，媒體通常用**生死辯**來形容。

「被告在國中的時期，國中開始就罹患精神疾病，到現在已經十幾年了，而且還持有殘障手冊，我想這點不能否定，被告他就是一個精神障礙者。」陳昆明的辯護律師翁國彥穿著律師袍，在法庭上振振有詞為陳昆明辯護。

「決定一個人的生或死，決定被告的生或死，那是神的工作。每一個案件的情狀都不一樣，被告的情形也完全不一樣，我們要怎麼在生跟死之間去劃一條線，那是神的工作。」翁國彥還強調，因為**兩公約**[4]與精神疾病兩要素，主張陳昆明不能判死。

「三個醫院對被告所實施的精神鑑定報告，也說被告雖然有慢性精神疾病史，但被告在殺害被害人林美玉的時候，並沒有處於精神疾病病發的狀態。」最高檢察署檢察官薛錦隆穿著紫領袍子，提出醫院的鑑定報告，陳昆明並不符合《兩公約》免死的條件。

「誠如被告所犯，應該符合公正公約第三篇第六條第二項所指，最嚴重的犯罪，應該是沒有疑問的。」

兩個星期後最高法院裁定，陳昆明**死刑判決撤銷**，發回更審，社會輿論再度沸騰。

「很生氣啊，對一個累犯然後用這種方式要脫罪的人，誰會不生氣。他出來再犯案，那我如果跟他和解、輕判他，我對這個社會有責任，如果他出來再殺人呢？我怎麼可能讓他出來，我一定要讓他判極刑。」

「每一家精神鑑定是說，案發當時他精神狀況是正常的，如果說他精神有問題，第一次我老婆去面試的時候，他就應該殺了她吧。我們怎麼可能跟他和解，他已經是累犯，我們國家社會法律都給他機會過了。」被害人林美玉的丈夫，才剛當爸爸就痛失愛妻，在媒體前嚴詞批判，絕對不會原諒這個連續殺人犯。

無奈輿論的聲浪如何抨擊，更一審法官逆轉改判，判處陳昆明無期徒刑。法官認為陳昆明的**教化可能性**雖然難以判斷，加上我國缺乏司法精神病院，難以達到矯治的的功能，判處無期徒刑已能達到社會防衛之目的。二〇一五年三月十九日，最高院駁回上訴，三審定讞。

「陳昆明在台大醫院，所做的精神鑑定結果，認定陳昆明具有精神上的疾病，但不是典型的心理疾病者，如果接受積極的輔導治療，並非無教化的可能性。」高等法院庭長發言人周盈文這樣表示。

「『你殺人後悔嗎？』非常後悔。」

陳昆明在得知逆轉判決後的回答，顯然此時心魔並不存在。

---

4 聯合國在一九六六年十二月十六日通過《公民與政治權利國際公約》（*International Covenant on Civil and Political Rights, ICCP*）及《經濟社會文化權利國際公約》（*International Covenant on Economic, Social and Cultural Rights, ICESCR*），簡稱兩公約，一九七六年開始實施。台灣在二〇〇九年三月三十一日立院三讀通過《兩公約》並在四月二十二日開始實施，正式成為國內法的一部分（節錄自立法院網站 https://www.ly.gov.tw/Pages/Detail.aspx?nodeid=6586&pid=85233）。其中一條「不得對精神障礙者及身心障礙者處死刑」，經常成為法官判免死的法源依據，也成為社會支持與廢除死刑兩方爭論的焦點所在。

後記

二〇一一年在陳昆明再度殺人時，其實監察委員高鳳仙曾經對高檢署以及國軍北投醫院提出糾正案，一方面是檢察官並未依法對陳昆明視察病情，單憑醫院之建議，草率向高院聲請裁定免予繼續執行監護處分，間接導致慘劇；另一方面醫院在執行監護處分時，陳昆明出現行為問題造成病房工作人員困擾，竟對高檢署**隱瞞病情**，改以藥物治療及心理支持已逐漸改善為由，向高檢署建議結束住院治療，也是導致林美玉慘死的間接原因。

定讞後五年陳昆明案意外再登上媒體，原因是當年的精神鑑定報告竟有三種版本，有心神喪失、精神耗弱、以及精神正常完全相反的鑑定，被質疑專業鑑定的可信度。但台灣由於缺乏統一的精神鑑定機構，各個法院提出精神鑑定，都由不同地方來執行，缺乏經驗以及對間接判死（害人死亡）的道德恐懼，往往成為這些精神鑑定被人詬病的原因。

以上種種後續都顯示出，陳昆明的案件只因為一個人精神狀況，殺人動機可以出現各種不同的詮釋，而法官以及種種原因減刑赦免，反而給了殺人犯再次殺人的機會。我們無法理解陳昆明在犯案當下，究竟是否從中得到了**快感**，或是真的透過另一個**心魔**幻想的存在，來達成他主要人格妄想的殺人目的，唯一可以確定的，三條人命都成為他**可能可以教化**的無辜犧牲品。

＊故事收錄在《老 Z 調查線 83》

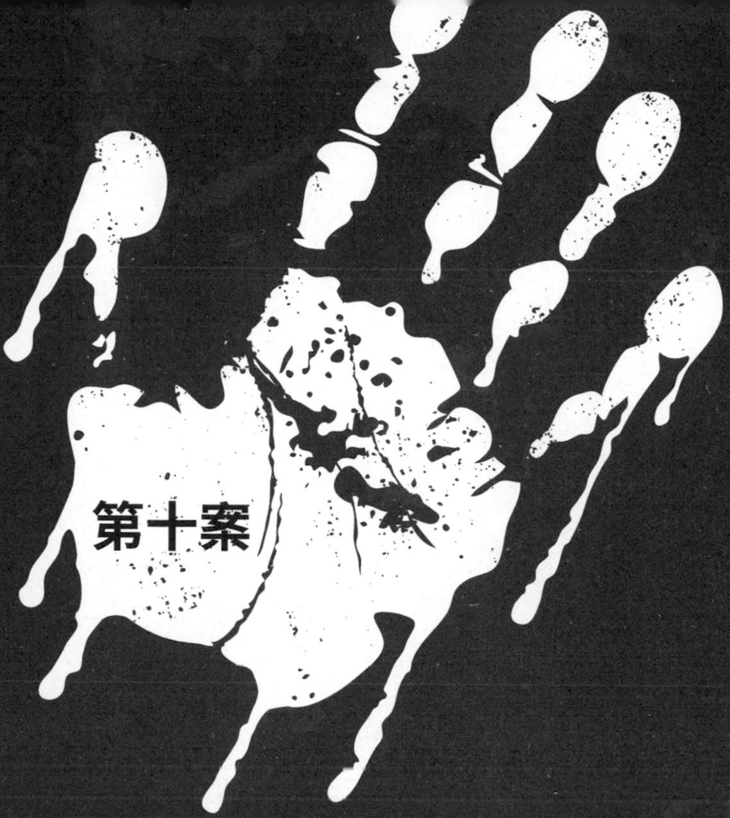

第十案

中山站隨殺——被拋棄的社會邊緣人

如果有在接觸犯罪學這個學術領域，就知道這個學科在最早開始，討論的就是**「誰會是犯罪者？」**，也許此時你腦海中已經出現了幾種**人像**。這個反應沒錯，一開始的犯罪學熱門研究，就是長怎樣的人會犯罪，也就是先天的基因論。身材纖細的人感覺容易鑽縫，給人竊盜的印象；肌肉壯碩的感覺容易使用暴力；眼歪嘴斜的像是詐騙等等，這些幾乎都存在於我們的印象之中，或者說從電視電影中學來的**刻板印象**。結論就是犯罪者似乎是天生的，獐頭鼠目、腦滿腸肥、蓬首垢面、橫眉豎目等這些詞，都不是在形容好人的。

當然若犯罪學這麼簡單，這世界上會犯罪的，光憑長相早就抓光光了。

後續發展更偏向一種理論，每個人出生在這世界上時，都是一張白紙，隨著社會化的過程白紙漸漸遭到汙染，也就是會犯罪的人是因為社會家庭等外在因素造成的，也就是所謂後天的環境影響。不過這回不是來探討學術領域，而是想藉此表達從社會觀察中，犯罪的質的改變。隨著都市化、經濟成長，犯罪的樣態從單純竊盜搶劫、金融宗教詐欺、甚至家暴擄人勒贖等等，我認為都是有許多複雜的因素，造成某種犯罪一時非常氾濫。（像是現在台灣社會層出不窮的詐騙集團，可能就是經濟因素導致。）

而這回要講的，便是高度都市化的社會，某日必定驟然出現的**隨機殺人犯**。

Clues

1 尖叫捷運站

時間回到二〇一五年七月二十日，這天是星期一，庸碌的上班族還在從假期恢復心情，搭公車捷運的族群無一不低著頭，腳步邁開每天固定的路線，走向聚餐或回家的路程中。

台北捷運中山站如果你有去過，就知道那邊有車水馬龍的街道，還有寧靜優雅的徒步區，一條捷運以及地下街穿過，百貨公司、名牌、甚至到騎樓下的小攤商、商辦一二樓的美食餐廳等等，還有值得讓你四處探詢的隱藏美食，讓這裡人們永遠不受憂鬱星期一的影響。

時間來到晚上八點五十五分，在中山站四號入口處，搭捷運的人潮一如既往，很有秩序地靠右排隊站著，有人滑著手機，有人抓緊包包望向前方，搭電扶梯緩慢往下的移動時間，總是讓人容易腦袋放空。

此時另一邊往上的電扶梯人群，先是有人露出驚訝表情，接著發出尖叫，往下進站的乘客紛紛轉頭大喊，卻有人先中刀倒下，連發出哀號的時間都沒有。只見一名黑衣男子拿著一把水果刀，手起刀落手起刀落，冷不防一連刺向好幾名乘客左肩膀，接著黑衣男邁開腳步，拎刀往前衝進了售票口。

「先聽到有人在喊說他手上有刀！他手上有刀！所以我就沒有再往前，就看到一個男子是從電扶梯下來，就一直往前走。沒講話就是一直往前，就是有點搖晃地這樣前進。」站在隊伍後面的目擊者陳小姐，還無法停止震驚。

「有人背上全都是刀痕，還有血跡，還有一個人一直在那邊叫說，有人拿刀救命之類的話。」

「我只有遠遠地看到他手上，就是手垂著這樣走，還好真的是有那位小姐先大叫，不然我也可能往前走了。」每一位目擊者描述都是膽戰心驚的，因為北捷鄭捷隨機殺人案，還沒滿一年，那是個震驚世界的慘案。

電扶梯上一共有四個人中刀倒下，接著兇嫌衝向了捷運站的詢問處，他右手抬起刀子，作勢要朝內攻擊的模樣，在玻璃內的保全拿起對講機緊急通報，另一名保全則拿起了長長的拾物棒，準備與歹徒對峙。

「把刀子放下！」捷運保全喝斥著，還在思考怎麼制服這個狂人，一旁人潮已經散開，只剩英勇的民眾跟保全，保持距離伺機而動。

但兇手此時卻做出了令人匪夷所思的舉動，他突然單膝下跪把刀子輕輕放在地上，接著往後倒退了三步，就在眾人有點錯愕的時候，一名背著背包的乘客三步併作兩步衝上前，像是射門般一腳把刀子踢開，此時站長跟保全見機不可失，一擁而上像橄欖球的壓制般，總共四個人衝過去撲倒，將他緊緊壓在地上。

「刀子在這裡！刀子在這裡！」有民眾拿起手機錄影拍著地上兇刀，隨即影片放到網路上，迅速成了媒體重複播放的片段。而踢走刀子的英雄，被網友封為**壓制哥**，甚至還幫他成立了臉書粉專。

「**我轉頭過去，我看到他這樣拚命地刺，從上面這樣一直刺，拿刀子一直刺下來，我看他往人群去，我就跟著他後面，我就喊那個人手裡有刀！**」一名氣質優雅的陳小姐，比手畫腳地重現當時警告眾人的過程，其實被刺傷的人當中劉姓跟馬姓女子，正是她的好友。當晚三人準備要去幫姪女慶祝生日，沒想到卻在捷運站遇到隨機殺人事件。

第一個被刺傷的是名莊姓女子，左側上胸被刺中，接著是魏姓男子左肩膀中刀，第三名是劉姓女子背部中刀，最後馬姓女子也是背部中刀，幸好四人的傷口都不深，約〇．五到兩公分左右，但仍然血流不止被送往醫院緊急包紮，都沒有生命危險。

Clues

2 冷笑殺人犯

二〇一四年五月二十一日十六點二十二分，捷運板南線從龍山寺開往江子翠的列車，鄭捷在漫長的渡河過程，在車廂上來回揮刀行兇，造成四死二十四人輕重傷的慘劇，是台灣近五年內的第五起隨機殺人案。然而鄭捷還在法院審理等待一審判決，台北捷運居然再次發生無差別攻擊事件。

嫌犯叫**郭彥君**，二十七歲，巧的是行兇這天是他的生日，不免讓人聯想他是否用這種方式，來慶祝自己**重生**？這恐怖的猜測始終沒有得到答案。

被帶回警局的他，說「自己累了」拒絕夜間偵訊，讓派出所外義憤填膺的民眾，累積了一整夜的怒氣。而我被長官告知，隔天早上去派出所連線，並且重點要問出他的殺人動機。

「是的主播，台北捷運中山站昨天晚間發生隨機殺人事件，兇嫌郭彥君昨晚拒絕夜間偵訊，今天上午製作完筆錄後將移送地檢署複訊，而派出所外已經聚集大批憤怒的民眾……」

一早八點各家媒體電視台，早早就排排站，要等待兇嫌出現的這一刻。

網路上不少人會評論，記者問嫌犯的話怎麼那麼**白癡**，都問一些很簡單或者**不是重點**的問題，其實光看哪幾秒追問的狀況，這樣的評論其實並不公允。其實每一場嫌犯追問，在場記者如果熟識一般都會安排誰來主提問，因為大家亂喊一通會導致聽不清楚在問什麼，而且該問什麼問題也會先與警方溝通，搞清楚案情概要，若如果警方沒有給出任何資訊，那能問得就很有限。

但重點是為什麼要發問？主要是希望嫌犯能開口講話，這樣新聞製作上才能有**嫌犯回應**，即便搖頭點頭都是一種回應，只是絕大多數的嫌犯都是低頭靜默的，據經驗只有**問對問題**嫌犯才會抬起頭講話，有些嫌犯會怒嗆媒體，有些人會鞠躬道歉，極少數人會侃侃而談。這實在值得成為心理學教材之一。

回到郭彥君的移送，警局外一早就站滿想給他一頓胖揍的民眾，那幾年重大事件發生，總有人會來毆打嫌犯，有些其實是一些年輕黑幫分子來「執行正義」，並出一點鋒頭好炫耀，認為毆打嫌犯是合法施暴，但其實都會吃上官司，這並不是在胡謅，而是我曾在某黑幫堂口上，聽到一些小弟會炫耀剛剛在哪一個SNG連線現場揍人，親眼看到他們趾高氣揚的模樣。

「**為什麼要這樣做！**」這一場是由我來主提問，因為我比較高壯一點，在混亂的場合才不會被擠走，但郭彥君邁出警局的第一個反應，我貼近到他身旁發問，卻居然看到他眼睛緊閉，一邊嘴角上揚的冷笑，我彷彿聽到了一聲「哼」，接著警局外就暴動了。

「為什麼你笑得出來！幹X娘！讓一下讓一下喔！不好意思讓一下！說話啊！為什麼你不說！不好意思喔！為什麼你還笑得出來！操X媽！維持秩序好嗎！？乾XXXX！你以為這樣很好玩嗎？退退退！做這種事情為什麼不講一句話？為什麼要做這種事情？」我一路追問到他上車，還是被群情激憤的民眾推開了幾步，當然郭彥君也吃上了幾拳。

我當下感覺這個人難道是心理有病？過去台灣幾次重大隨機殺人案，不少跟精神疾病相關，加上他先前丟刀的莫名舉動，讓人懷疑他會不會又是跟精神病扯上關係。時任大同分局的偵查隊長賴俊堯，在移送後召開記者會說明殺人動機，是因為**失業心情不佳為了洩憤**，才會隨機傷害路人。而且他沒有領精神障礙手冊，也沒有就醫紀錄。

但最大的重點是，他想**模仿鄭捷**。

「是想學鄭捷嗎？為什麼殺人還笑的出來？乾X娘！以為這樣很好玩嗎？」郭彥君抵達地檢署，這次似乎學乖不笑了，只有雙眼緊閉不發一語走進去。

嫌犯落網一點小動作可以稍微觀察他的心理狀態，通常心虛自認有問題的，都會低頭不願露出臉部被拍攝，因為覺得丟臉後悔，甚至有的癱軟失禁（三重醃顱案的嫌犯就是如

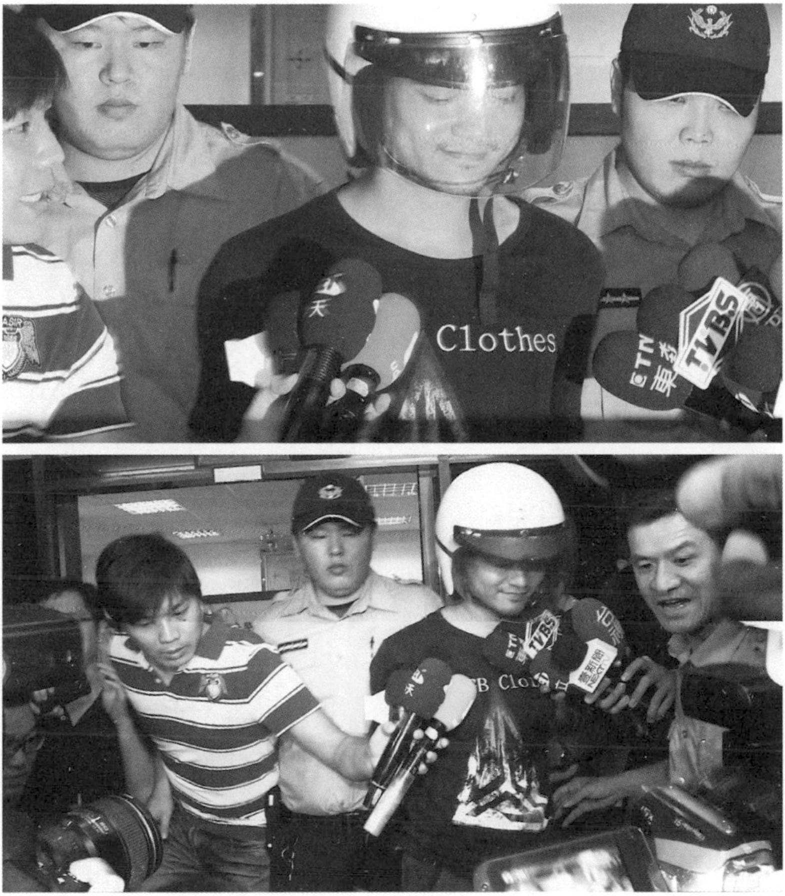

郭彥君走出派出所立刻露出滿意微笑，讓我採訪時相當詫異，一度懷疑他是否精神異常。

此）；但有部分是會昂首闊步走進去，搞得像走伸展台一般，（事實上我們媒體跟警察也把移送這一段拍攝，戲稱是走**星光大道**。）這類嫌犯通常是黑幫份子，似乎就希望媒體拍得清楚一點，完全不害怕曝光，因為這是他們的**光榮履歷表**。

郭彥君則不同，他抬頭挺胸但雙眼緊閉，代表他不認為這件事情有錯，只是他不想理會外界的各種雜音；而冷笑有兩個含意，一個是完成了**任務**，一個是他終於獲得了外界的**關注**，表示他是個可憐的社會邊緣人。

然而心智正常的他，為什麼敢隨機殺人呢？

Clues 3 養出殺人犯

郭彥君有毒品前科，是在當兵退伍之後某次因緣際會下，在夜店接觸到了毒品，搖頭丸、K他命、神仙水及大麻等都吸過，還甚至過度依賴K他命，曾因為吸毒過量血壓過低無法工作，馬偕醫院的門診紀錄甚至還有濫用K他命及暈厥的情形。案發前幾個月，他在網路認識一名女網友，再進一步吸食到了安非他命，體重迅速從八十五公斤銳減成六十五公斤，三家醫院診斷他有安非他命中毒的症狀，卻沒有出現戒斷跡象，而他其實也正在進行戒毒中。

難道是因為毒品想要瘋狂殺人？答案似乎不是這樣，那他應該去搶劫買毒才對，而根據他給警方的理由，是因為最近跟相依為命的阿姨爭吵離家出走，還被表哥轟出家門，因此露宿公園三天，怕收到不到勒戒的相關通知而正焦慮著。

「『是沒有錢嗎？』是其中一個原因。我原本一直壓住殺人的想法，但最後還是沒有辦法，就去殺人。如果有人死了，我正好可以被槍斃，我正想去死……如果有人死，我正好可

以被判死刑。」

「『**如果昨天沒有人阻止你，你準備再做什麼？』我會繼續在捷運站殺人，殺到全部的人都死光。**」郭彥君在地檢署複訊的時候，居然對著檢察官繼續大放厥詞，顯然並沒有因為自己犯行後悔，遭法院裁定收押。

「**被告在法官訊問時是說，他是情緒發洩，然後他對於他有殺人的犯意，他是有承認，『他有承認要讓他們死？』只是沒有造成死亡的結果。**」士林地院發言人李育仁在記者會上，暗示殺人罪起訴最關鍵的**殺人動機**，郭彥君是直言不諱的。

檢察官剪下了郭彥君的毛髮，驗出他這幾天並沒有服用安非他命，精神狀況似乎還相當清楚，顯然有更深沉的原因促使他這麼做。

他臉書上曾寫出「**一個有理想的人，必須超出世俗人的眼光，一直以為打仗搶東西才會殺人，但之後明白心變好也要殺人。**」還PO出鴻海集團創辦人郭台銘的照片，說希望他在哪出生就在哪入土，明顯有仇富的心態。

此時一段郭彥君坐在地上慘叫的影片出現，他不斷發出啊啊啊的哀號聲，一旁救護人員已經在試著協助紓緩症狀，喊叫聲卻沒有停過，這是案發前一週疑似毒癮發作的影片，他的表哥在一旁看著，似乎也很無奈。

「前陣子他生活比較不穩定的時候，他心情苦悶的時候可能會找我，因為我是他表哥，所以我可能會幫他出吃飯的錢，或給他一些資助，就是塞一些錢給他生活。他說他想要學鄭捷，但我說如果你覺得要吃牢飯，其實很多方式可以去，但是你不可以去傷害別人。」郭彥君表哥接受媒體採訪，也透露他似乎很早之前就想要「幹大事」。

郭彥君兩歲的時候，就因為母親改嫁搬到日本居住，原以為會是個穩定安逸的生活，沒想到八歲的時候卻被丟回台灣，被迫與不熟悉的大阿姨一起生活。而面對新的親族家庭，以及無法見到母親的焦慮感，他曾向阿姨表示想去日本或想念母親的時候，甚至會遭來一陣毒打或抓頭撞牆。

無法獲得肯定與被認同的少年時期，即便他努力獲得優異成績，或者幫大阿姨做資源回收，都無法獲得稱讚，他自稱像條狗一樣被阿姨跟表哥使喚。有時半夜睡覺會突然被阿姨打醒，但完全不曉得原因，或者被表哥**性霸凌**等等，完全不知道該找誰求助。

上了國中之後他加入了幫派，就開始抽菸偷竊打架，甚至會拿書本丟老師，經常受到學校跟警局的處罰與關切。阿姨自認無法管教，曾想將他送到花蓮給親生父親教養，但國二一次爭吵後他就離家出走，並輟學了一年。

二〇〇七年郭彥君念茲在茲的母親，驟然因為罹癌過世，他心中的最後支柱消失後，心裡似乎起了相當大的變化。母親雖然留下了九十萬的保險給他，他卻開始沉淪聲色場所，與阿姨不常往來，在板橋獨自租了房子，也嘗試在豪宅當保全，卻因為毒品關係失去工作。

今年失業跑來尋求阿姨協助，卻發生了爭吵，接著因為毒癮發作送醫的事件，表哥也不理他了，郭彥君流落在公園居無定所。這時的他似乎想起整個人生，就是一段不斷被拋棄的垃圾回憶。案發前四天，他跑去南京西路一間服飾店，清晨五點多徒手將櫥窗打破，手腳被割傷鮮血直流，卻站在外頭喃喃自語一臉茫然，店家嚇得緊急報警。

四天後他走進一間超商，看到架上的水果刀，他向檢警表示。

「一股殺人的念頭就上來了，抓狂了。」

於是他將刀子藏在衣服裡，沒付帳就走出超商外，半個小時後就出現在中山捷運站四號入口。

由此看來，他憤怒的對象究竟是誰？是阿姨？表哥？這個不斷遺棄他的社會？還是那個八歲就拋棄他的母親？郭彥君自己也說不清楚，動機至今成謎。

Clues

4 瘋狂的效應

郭彥君的新聞效應，其實只有短短幾天，通常在一個嫌犯收押後，頂多再報導個一兩天就沒觀眾在乎了（收視率反應是如此），除非有特殊的獨家追蹤，或更深入的人物故事，然而讓人想不到的，這短短幾天卻掀起了連鎖效應。

算上郭彥君，捷運開通至此已經發生過十六起攻擊事件，雙北市警方緊急派駐一百六十六名警力，在二十五個重點捷運站巡邏，要提高**見警率**，許多民眾認為這只是亡羊補牢於事無補，但其實一個重大案件的發生，警方會這樣派駐是有原因的。

因為潛在的**模仿犯**，會像是被點燃引線般，一個一個炸開來。

首先是新北市三峽，一名少年在捷運殺人案爆發當晚，馬上拿著一把菜刀到路上隨機砍殺路人，一名穿著白襯衫的女性走在路上突然遭到攻擊，接著他繼續持刀往前砍殺，兩名路人見狀拔腿狂奔，而掛彩的被害者衝進超商求救，警方立即出動快打部隊，封鎖台北大學附近出入口，最後順利將少年包夾逮捕。

而他落網時卻大喊：「我要學鄭捷殺人！」

由於郭彥君事件占了絕大數的社會新聞版面，三峽少年隨機砍人隔天才出現在新聞上，網路上掀起大量的討論。其中一名在臉書穿著警察制服的二十三歲楊姓男子，自稱是中山分局的員警，在三峽砍人案討論底下留言，說他要如法炮製，還會用更大把的刀子，預告早上八點要到捷運站砍人，而且不會輸給**鄭師父**，疑似也要模仿鄭捷，隨即遭到逮捕。

「嫌犯因為是單親、長期失業沒有固定的工作，日前因為他超時工作，老闆沒有給他加班費，所以他覺得心情很低落，所以他昨天的時候在跟網友互通臉書的時候，為了宣洩自己的情緒，就留言今天早上八點，要到捷運站再砍一次人。」時任台北市刑大偵七隊隊長張文峰，解釋楊男的殺人動機，看起來跟郭彥君背景十分相似。

然而還沒完，嘉義也有一名網友PO出郭彥君的新聞照片，說他也要**仿效鄭捷**，九月三十一日要到嘉義捷運站殺人，警方迅速登門逮人，他卻說只是開玩笑，因為九月既沒有三十一號，嘉義也沒有捷運站，但他仍被依恐嚇公共安全罪嫌送辦。

另外台北還有一名網友，自稱因為交不到女朋友，跟友人對話的時候透露要帶刀上捷運砍女生，特別要砍漂亮的女孩子，因為他最討厭漂亮女生，要死大家一起死等語句。友人趕緊向警方報案逮人，落網時他也自稱是**開玩笑**。

郭彥君一個冷笑，短短兩天爆發四起隨機殺人相關刑事案件，會是巧合嗎？但他們的共同點似乎都以**鄭捷**為崇拜對象，此時鄭捷才剛被法院一審宣判**四個死刑**，在牢中的他也聽到這些消息，他向教誨師黃明鎮表示：

「模仿我幹嘛？我才不要人家模仿。他們是他們啊，我是我啊，他們跟我沒關係啊。」

鄭捷有點不耐煩回應，絲毫不清楚自己的罪行，對台灣留下多可怕的後遺症。

然而這樣連番的隨機犯案，幾乎都發生在台北市居多，究竟該怎麼預防，也成了首善之都的頭疼問題。

「所謂『宅男』這種社會孤立份子，在目前的體系裡面，好像沒有辦法把這些人找出來去做追蹤，所以我們會做大規模癌症篩檢，可是我們沒有做心理衛生的篩檢，但這怎麼建立，也要思考。」時任台北市長柯文哲，抓了抓頭似乎也找不到合理的機制，不過他的一句「宅男」說，把社會問題歸咎於這個族群，倒是掀起不少年輕人的反彈。

他立刻改口，說正確的講法應該是「社會孤離孤立疏離份子」。

網路上另一個激烈的爭辯是，搭手扶梯到底還要不要靠右站立。其實北捷早在二〇〇五年就已經取消靠右站的禮貌文化，但大多數台灣人仍舊維持這樣的習慣，並讓出左邊的通道讓趕時間的人行走。許多網友爭辯靠右的優缺點，並列出日本電扶梯也沒有如此文化，但不論怎樣站其實都無法阻止隨機殺人的發生，最後捷運局也表示，不打算改變這個文化。

搭手扶梯時你是站「左派」還是「右派」呢？

Clues

5 爭議的審判

「『你行兇時的動機為何？』我只是要將不滿情緒發洩。『你持刀刺傷被害人動機為何？有無要置被害人於死念頭？』情緒發洩，我沒有想那麼多。」郭彥君曾在偵訊時如此表示。

「我原本在我表哥那邊要等勒戒通知，因為使用安非他命過量導致被急救，之後我表哥因不明因素將我逐出門外，導致我無法接受勒戒通知，及在等候勒戒通知的這段時間正常生活，在被逐出的這一兩週內，煩惱這兩件問題，使我思緒不正常，導致我誤判行為而犯本件犯行。」郭彥君在法院審理時，在庭上如此表示。

總而言之，郭彥君的犯案動機有點讓人丈二金剛摸不著頭，而台灣法官例行程序，還是對郭彥君做了毒品、精神鑑定相關分析，認定他犯案當下，並沒有出現安非他命戒斷、安非他命戒斷引致之憂鬱症、情緒障礙症、精神病或焦慮症等精神障礙的情況。

然而法官勘驗當時的犯案光碟，認為他揮刀力道不重，也非精準朝著頸部等致命部位襲擊，比較像是隨手亂揮，加上四名傷者僅僅受到輕傷，一審法官認為他只涉及「普通傷害罪

1」而非檢察官起訴的「殺人未遂罪」，一審輕判他有期徒刑三年，偷刀則判刑三個月得易科罰金。

判決一出舉國譁然，一個連續砍殺四人並揚言要殺光捷運人的兇嫌，居然只涉及普通傷害罪，跟一般人打架受傷差不多的刑度，網路上再次掀起**恐龍法官**的批判，因為近幾年的重大犯罪，被法官找理由**輕判**的例子，已經多到天怒人怨。

上訴二審開庭的時候，媒體聚集在高等法院二樓的樓梯間，由於高等法院管制較森嚴，媒體得遵從法警的帶領，只能在這個樓梯等待，而嫌犯從一樓被帶上來往三樓走的時候，就是媒體呼喊提問的時候。

「郭彥君你有沒有什麼話想說？」

「俺は中国人じゃないぞ。」

郭彥君瞪著鏡頭表情嚴肅，在轉身前突然冒了一句日文，意思是「我不是中國人。」又是一句讓人滿頭問號的回答，然而在開庭結束下樓梯時，貌似又說了幾句日文喃喃自語，卻被媒體不斷的提問聲蓋過，聽不清他究竟說了什麼。這就是我前面所提過的，大家都亂喊反而聽不到對方說什麼的原因。

高院法官審理後也從殺人行為判斷，在他揮刀砍向第一個莊姓女子以及第二個魏姓男子

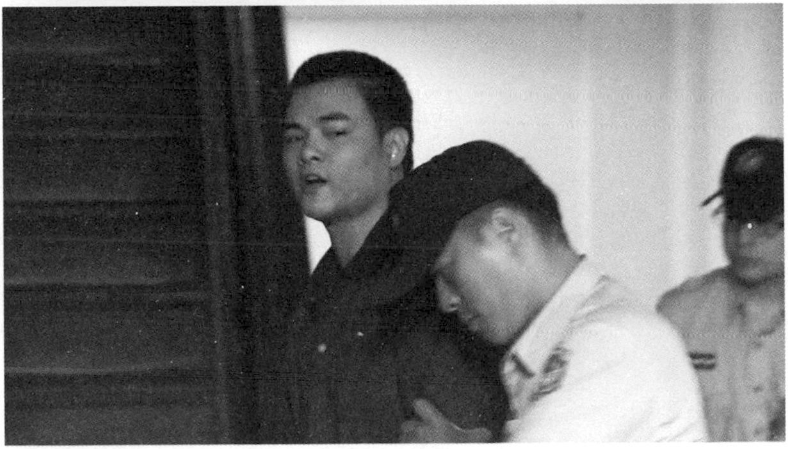

郭彥君出庭時對著媒體用日文大喊，我不是中國人，離開時又喃喃自語不知所云。

的時候，是朝向頸部致命的部位刺下去，認定他有殺人致死的動機；而刺向第三第四，也就是劉姓跟馬姓女子的時候，是刺到背部，並非容易致死的位置，因此認定只有涉及傷害罪。

因此二審法院改判郭彥君兩個殺人未遂、兩個傷害罪，合併執行有期徒刑十二年，宣判兩個月後也就是二〇一六年七月二十八日，最高法院駁回郭彥君的上訴，維持十二年徒刑定讞。

「希望他被判刑，讓他在裡面反省，在惡劣的環境下長大，也是滿可憐的，你看這個環境這樣子，很多事情可能忽略到小孩子。」郭彥君的小舅子接受媒體訪問，說他原本小時候還很乖巧，是跟著阿姨的五個孩子一起長大，但隨著與母親關係的脫離，當兵又遭逢母親過世的劇變，親生父親也失去聯繫，才會讓他的行為越來越偏差，小舅子語氣中帶著些許不捨。

後記

眾多隨機殺人案中，會特別挑出郭彥君來寫，是因為比起台灣其他重大的隨機殺人犯罪，多數都會扯到思覺失調症的問題，也就是他並非處在神智清楚的狀態殺人，案情多是離譜到無法想像。像是台灣第一起隨機殺人黃富康，是因為他幻想出的漫畫情節，隨機殺了包租公一家；砍斷小燈泡頭顱的王景玉，幻想自己是堯帝轉世，要跟四川少女傳宗接代；或者是潛入文化國小的龔重安，則是說腦袋裡一直有個聲音要他去殺人等等。

我個人認為疾病若無持續治療，這些慘案都是對整個社會心理的嚴重衝擊，而該怎麼阻止這些患者，是精神醫療相關政策該去好好檢討漏洞。而對於正常人會衝出街道，持刀亂砍人的，或許才是我們更要重視的問題。

也許一切都能怪罪到都市發展太快速，人與人的心理距離也急速擴大，導致部分人產生反社會的人格，進而加入幾次嚴重人生打擊後，無法獲得正常抒發情緒的管道，才會釀起悲

1 刑法普通傷害罪：傷害人之身體或健康者，處五年以下有期徒刑、拘役或五十萬元以下罰金。犯前項之罪，因而致人於死者，處無期徒刑或七年以上有期徒刑；致重傷者，處三年以上十年以下有期徒刑。

劇。就像郭彥君多次跟法官表示，他就是要**發洩情緒**，可能真的就是這麼一個模糊的動機，讓他起心動念拿起了刀子。

值得一提的是，鄭捷即便已經死刑伏法，仍儼然成為某些人崇拜的偶像，而鄭捷崇拜的是日本的隨機殺人犯**加藤智大**[1]，在秋葉原的無差別攻擊事件，一路到郭彥君下來已經難以計數，就像是個連鎖的地雷，深埋在你我所處的社會之中。

是他心理病了，還是我們的社會終究會養出這樣的怪物？

＊故事收錄在《老Z調查線290》

1 二〇〇八年六月八日中午十二點三十分，二十五歲的加藤智大駕著一輛二噸重的貨車，闖入東京秋葉原徒步區，撞倒或輾過五名路人，隨即下車掄刀追人亂砍的事件。該事件共造成七死十傷的嚴重傷亡，他並沒有特殊精神疾病，曾說出「在網路跟現實世界都是孤獨一人。」等話語，判處死刑後直到二〇二二年七月二十六日，才被執行死刑。而後日本陸續爆發許多類似的模仿犯，就連台灣鄭捷都是其中之一。

後記／被害者的公平與正義

有幸撰寫這本書，除了一探社會驚悚案件的內幕之外，一部分也是要帶出思考，我們社會究竟出了什麼問題？層出不窮的悲劇從何而來？其實這不單單只是兇手個人問題，更多的是家庭、校園及社會的結構性狀態，孕育了許多潛在的加害人。

然而結構性的問題並非你我幾句話能改變，死刑存廢的爭論也無法消除危機，撰寫這段文的時候（二〇二四年二月底）台灣剛好發生一名精神病患，夜間偷了一輛貨車沿路狂飆，先撞死一名公路巡路員，再高速衝進八堵派出所大門，撞死一名值班台員警，接著他穿著一條內褲闖進平交道遭火車撞死，這種讓人無言的案件也不是派出所外放幾根鋼柱，各行政單位精神喊話就能避免。

二〇二三年底爆發**新北國三生殺人案**，一名少年為了替乾妹出氣，竟拿了彈簧刀在教室裡將無辜學生割喉殺害，這群殺人的少年少女們在社群軟體上，囂張嗆聲「**我未成年法律會保護我**」，還在法院比Ya打卡，一時間社會群情激憤，卻拿這群殺人犯無可奈何。無辜學生的父母發聲明「不相信窮凶極惡之徒會有教化可能」，導師更發出「這世界究竟怎麼了？」的感嘆。

以上兩起不幸案件，被害家屬心理或許多少明白，司法無法給予他們多少公平正義，一個兇手已經死亡，另一個則是少年犯。但弔詭的是，為何被害者親友們，就得默默吞下這一切苦痛，而司法卻仍在討論如何讓加害者**可教化**，順利回歸社會。種種司法的美意，都成了加害者的保護傘，被害者另一種無形監牢，都快讓人分不清楚，究竟是誰在被懲罰。

社會案件過去總是帶有警世的味道，而近年越來越多害人案件發生，社會大眾該理解並非安分守己就能平安生活，在這瞬息萬變的社會中，我們個人該理解的是脫離群體的邊緣人，確實可能在醞釀著無人察覺的惡意，進入AI時代後更高機率遭遇新穎的犯罪行為。

但萬事躲不開人性，透多許多判決書對加害者的深入理解，幾乎都有一段破碎的童年，不論事情嚴重與否，家暴、虐待、忽視、冷漠等等，在在都影響著他們成人的行為模式，甚至透過這種社會再學習，轉身一變成為欺負弱勢的加害者。我個人觀察認為**家庭能否幸福和樂**，就是一切問題的根源。然後政府所稱的社會安全網雖然常被人詬病，但仍看到許多人在持續努力著，希望有朝一日能構築完成，別讓傷心受害者最後都成為殘酷加害者，早日脫離這樣的惡性循環。

正義也許會遲到，但永遠不會缺席。

最後，這本書能夠完成，要特別感謝我的太太Z嫂，畢竟原本調查線的節目一週兩集，作業時間已經是相當緊繃，而回到家後能盡量減少操心家務跟小孩的事，讓我能有自由創作的空間，避免蠟燭三頭燒，對她有說不盡的感激。

也謝謝每一位讀者願意耐心細讀至此，**我是老Z，我們下集見。**

誰養出的魔鬼

作　者—周寬展
主　編—林菁菁
企　劃—謝儀方
封面設計—江孟達
內頁設計—李宜芝
內頁照片—中天新聞

總編輯—梁芳春
董事長—趙政岷
出版者—時報文化出版企業股份有限公司
108019 臺北市和平西路 3 段 240 號 3 樓
發行專線—（02）2306-6842
讀者服務專線—0800-231-705・(02)2304-7103
讀者服務傳真—(02)2304-6858
郵撥—19344724 時報文化出版公司
信箱—10899 臺北華江橋郵政第 99 信箱

時報悅讀網—http://www.readingtimes.com.tw
法律顧問—理律法律事務所 陳長文律師、李念祖律師
印　刷—紘億印刷有限公司
初版一刷—二〇二四年五月十七日
初版三刷—二〇二四年八月七日
定　價—新臺幣三八〇元
（缺頁或破損的書，請寄回更換）

時報文化出版公司成立於一九七五年，
並於一九九九年股票上櫃公開發行，於二〇〇八年脫離中時集團非屬旺中，
以「尊重智慧與創意的文化事業」為信念。

誰養出的魔鬼 / 周寬展著 . -- 初版 . -- 臺北市 : 時報文化出版企業股份有限公司 , 2024.05
面；　公分
ISBN 978-626-396-183-8(平裝)

1.CST: 刑事案件 2.CST: 報導文學

585.8　　113005035

ISBN 978-626-396-183-8
Printed in Taiwan